D1718262

Dieter-W. Mayer

Der Büstenhalter

Dieter-Wilhelm Mayer

Dieter-W. Mayer

Der Büstenhalter

BAIER :·: VERLAG

Dieter-W. Mayer, Jahrgang 1930 - wurde in Geislingen/Steige geboren und wuchs in Tuttlingen auf. Er studierte Geschichte, Philosophie, Französisch und Englisch an den Universitäten Tübingen, Freiburg i.br., Berlin und Reading/England und promovierte zum Dr. phil. mit einer landesgeschichtlichen Arbeit. 12 Jahre lang war er am Hermann-Hesse-Gymnasium in Calw tätig. Seit 1969 lebt er in Sulz am Neckar, wo er über zwei Jahrzehnte lang Schulleiter des Albeck-Gymnasiums war.
Seine Frau, eine Naturwissenschaftlerin, widmet sich der Aquarellmalerei. Das Bild auf der Umschlagrückseite vermittelt einen Eindruck von ihrem Hobby.

Alle Rechte vorbehalten
Copyright © 2006
BAIER BPB VERLAG, Crailsheim
Satz: Hansjörg Wirth
ISBN: 3-929233-57-6

Meiner ersten, besten (nicht erstenbesten) Ehefrau Gabriele

gewidmet

- mit einer Rose aus ihrem Pinsel -

Inhalt

Anstelle eines Vorworts

Dieses Bändchen hat eine bewegte Vorgeschichte:
Angefangen hat es im Elternhaus, das großen Wert auf Bildung und Kultur legte. Dabei spielten Gedichte eine besondere Rolle.
Überall in der Wohnung lagen Gedichtbände herum, um -notfalls- rasch nachschlagen zu können, wenn man beim Memorieren hängenblieb.
So war es nicht verwunderlich, daß die Geburtstage von Großeltern, Eltern, Onkeln und Tanten den Kindern schon Wochen vorher im Magen lagen, da von ihnen ein Gedicht erwartet wurde. Im Lauf der Zeit entwickelte sich bei den Empfängern eine diesbezügliche Erwartungshaltung, ja fast schon eine Art Anspruchsdenken. Da nach einigen Jahren sämtliche zweckdienlichen Reime aufgebraucht und manchmal - in der Hoffung auf ein altersbedingt immer schlechter werdendes Gedächtnis der älteren Verwandtschaft - so abgenutzt waren, daß selbst wir Kinder den Wunsch fürs „Wiegenfeste" und „das Allerbeste" nicht mehr denken, geschweige denn verwenden wollten, entstanden zunehmend Erlebnisberichte, denen dann nur noch - quasi als ferner liefen - einige Glückwünsche anzufügen waren.
Das war die Geburtstunde der Allerweltsgedichte,der ereignisbezogenen Verse, die sich meist mit einigem Erfolg bei Klassentreffen oder Hochzeitsfestivitäten zu Gehör bringen ließen.
Als - vor allem bei Damenreden - der Beifall immer unüberhörbarer wurde und auch die Aufforderungen, eine Gedichtauswahl zu veröffentlichen, immer eindringlicher ausfielen, schwand mein Widerstand langsam,wie Schnee an der Sonne.
An eine Veröffentlichung wurde damals - ehrlich gesagt - trotzdem nie gedacht. Ich gab mich dem Wunschdenken hin, daß Gedichte, wie angeblich der Wein, durch Lagern besser würden. Die Freunde, als Empfänger meiner geistigen Hobelspäne pflegten natürlich meine Verse bei passenden Gelegenheiten ebenfalls zum besten zu geben. Dies hat jedoch offenbar so viel Zustimmung gefunden, daß dem Drängen von allen Seiten kaum mehr zu widerstehen war,eine Auswahl in einem Bändchen zusammen zu fassen. Das Ergebnis liegt vor.

D.-W. M.

11

Zum Titel und zum Titelbild

Pferde-, Tauben-, Hundehalter ...

Ein Taubenhalter hält sich Tauben,
die Nachbarn Schlaf und Nerven rauben.
's wird der, der sich ein Hündchen kauft,
auch Hundehalter oft getauft.
Wer Pferde hält, das ist bekannt,
ist Pferde-Halter hier zu Land.

Kurz: Wer sich irgendetwas „hält"
und darin sich auch noch gefällt,
den (unabhängig von dem Alter)
nennt man gemeinhin einen ... H a l t e r.

Als ich in meinem Ruhestand,
zu einem neuen „Hobby" fand,
schuf ich - aus Stein - mir manchen Kopf:
Den Schiller, mit dem Schiller-Zopf,
den Zweig, Chopin und Heinrich Heine,
- Genie-Potenzen, wie ich meine -.
Da steh'n sie nun - in steifen Posen -
im Garten. Friederich den Großen
hab' ich mir auch aus Stein geschlagen.
(ich hoffe, daß sie sich vertragen...)
Sogar der Bismarck darf nicht fehlen.
Den schätz' ich. Ich will's nicht verhehlen.
Auch schafft' ich mir ne Büste an
von Haffner, dem Sebastian.
Der sah am klarsten die Geschichte
in einer ungeahnten Dichte.
Der Herr des Rings des Nibelungen,
der Wagner, wär' mir fast mißlungen.
Der Schubert, Meister der Sonaten,
der ist mir leider voll mißraten.

Ich bin - bei Gott - kein Steinbild-Hauer,

doch schenkt' ich mir - selbst Schopenhauer.
Er hat einst meinen Geist beflügelt
und Daseinshoffnungen gezügelt.
Ich schuf auch - denn ich schätz' ihn sehr -
Herrn Arouet - zu Deutsch: Voltaire.

Die Geistes-Größen - aller Sparten -
die halt' ich mir in meinem Garten.

So stillt' ich „steinerne Gelüste" !
Ich schuf mir manche „Helden-Büste"
in meinem vorgerückten Alter…

Es scheint: ich bin ein BÜSTENHALTER !

Lauter wahre Geschichten

Das Steak

Vor kurzem sind wir - wie seit Jahren -
nach Schliersee -an den See - gefahren.
Dort ist - ich bin zwar nicht verfressen -
der Höhepunkt: Das Abendessen...!
Denn ich bestell' für meinen Schatz
im Restaurant nen Fensterplatz.
Der wird seit Jahren - garantiert -
für uns am Abend reserviert.
Jüngst ist ne Dame - auch zum Essen -
verkrampft am Nebentisch gesessen.
Sie war dabei - mit Gottes Segen -
ein Rinderbeefsteak zu zerlegen.
Rund 10 Minuten - unentwegt -
hat sie am Fleisch herumgesägt.
Trotz allerheftigstem Bestreben
hat dieses Fleisch nicht aufgegeben...
Sie sprach, was man verstehen kann,
entrüstet die Bedienung an:
„Das Fleisch - Sie haben mir's empfohlen -
ist hart, wie ein Paar Ledersohlen."
Doch die Bedienung sagt - verstohlen -:
„Ich werd' ein andres Messer holen.
Das da ist wohl nicht gut geschliffen!"
..und hat gleich drauf die Flucht ergriffen.
Die Dame rief ihr zwar noch nach,
wobei sie etwas lauter sprach:
„Das nützt nichts!" (rief die Dame keck).
„Es liegt am Fleisch, nicht am Besteck!"
Nun, die Bedienung kam - mit Schnaufen -
und einem Messer angelaufen
und sagte - ohne sich zu zieren:
„Sie können's damit mal probieren!"

Die Dame hat (zwar arg frustriert)
es - anstandshalber - mal probiert..
Doch war's umsonst. Das sah ein jeder:
Das Fleisch war hart wie Büffel-Leder.
Jetzt zeigte die Bedienung Leben:
„Nein, so was hat's noch nie gegeben!
Was soll man bloß mit Ihnen machen?"
Ich sag' zur Gabi: „Du wirst lachen:
Jetzt bringt sie (und das ist gewiß)
der Frau bestimmt ein neu's Gebiß."

Papi - Papi...

Die Leute sagen, daß ich... „dichte"...
Ich sage, daß ich nur berichte!
Denn: die Geschichte (ganz und gar)
ist (Ehrenwort! Ich schwör' es) wahr!
Wir lieben ja (wie jeder weiß)
die Nordsee-Insel Baltrum heiß.
Auf Baltrum kann man herrlich baden.
Kein Auto gibt's. Nur einen Laden.
Da kaufen alle - groß und klein -
ob fremd - ob Friese - gerne ein.
Auch wir (es ist nicht weit zu laufen!)
sind täglich dort, um einzukaufen...
Man muß ja - es ist nicht zu sagen -
was man da einkauft, immer tragen!
Und weil's ne Frau kaum tragen kann,
hilft selbstverständlich auch der Mann.
So hab' ich mich dazugesellt
und an der Kasse angestellt.
Vor mir... da war der „Teufel los":
Ein Mädchen - zwar noch nicht sehr groß -
mit ungefähr so rund zwei Jahren
und langen, blondgelockten Haaren,
das strampelte im Einkaufswagen
und war dabei, um sich zu schlagen.
Die „Mami" war bereits am Schwitzen
und sprach: „Mein Schatz! Bleib endlich sitzen!"
(obwohl das Kind- von Wut erhitzt -
scheint's gar nicht wußte, w i e man „sitzt"..)
Das Kind - verzogen, wie wir fanden -
ist deshalb nicht erst „aufgestanden"...
Es riß - entfesselt und brutal -
die Waren aus dem Schleck-Regal.
Die Mutter ('s ist nicht zu beschreiben)
die sagte nur: „Kind, laß das bleiben!"
Das Kind,das machte „Hoppe-Reiter"
und tobte unaufhörlich weiter
und riß (man braucht' nicht lang zu warten)

vom Ständer gar die Trauerkarten.
Es trampelte - im Einkaufswagen -
herum auf Waren, die dort lagen.
Dabei hat's wie am Spieß gebrüllt.
Die Welt war mit Gebrüll erfüllt.
Doch... plötzlich drehte es sich um …
Es sah mich an - und... war gleich stumm,
was sozusagen - in der Tat -
mich keineswegs gewundert hat...!!
Denn ich hab' - und das sag' ich laut -
so wie ein „Kampfhund" dreingeschaut…
Dann schrie es (ich vergeß' das nicht!)
mir: „Papi - Papi …"   ins Gesicht...
und das auch noch vor allen Leuten,
die sich gar herzugucken scheuten.
Drauf hat das Kind auf mich gezeigt...
Die „Mami" aber lacht und... schweigt.
Das Kind jedoch gibt keine Ruh',
zeigt mit dem Finger auf mich zu
mit trotzig drohenden Gebärden,
als wollt' es „hochgenommen" werden.
Es strahlte, wie es schien, erfreut
und nannte „PAPI" mich (!) erneut…
Doch da riß - mitten im Tumult -
dem „Pseudo-Papi" die Geduld.
Ich sprach - mit ruhigem Gesicht - :
„Zum Glück - Kind - Gott-sei-Dank- : das nicht!"
Das Volk ringsum begann zu schmunzeln,
die Mami: ihre Stirn zu runzeln.
Sie trat nur einen Schritt zurück
und dachte wohl: ...das ist ein Glück!

Der „Clou" jedoch (weshalb ich lache),
der Clou nun - an der ganzen Sache -
der ist (was ich hier nicht verhehle)
der „Mutter"-Witz von Gabriele:
Die sprach (um mir nen Trost zu gönnen):
„Die hätt' auch ‚OPA' brüllen können…"

Der Hinweis war für mich beglückend:
Ich fand das liebe Kind entzückend.
Ich fühlte mich von ihm geschmeichelt.
Am liebsten hätt' ich es gestreichelt...

Gedenktage

Es gibt in Deutschland - keine Frage -
weltweit die meisten Feiertage.
Recht viele davon sind beliebt,
weil es da häufig schulfrei gibt:
Der „Tag der Einheit" ist dabei.
Da gibt es schul- und arbeitsfrei.
Bei manchen schaut man „himmelwärts",
so wie beim „Josephstag" im März...
Und früher... war - „Marie-Empfängnis"
ein Grund für schulisches Begängnis.
Auch gibt's noch - bis zur Gegenwart -
den Festtag „Christi Himmelfahrt".
In diesem Reigen darf nicht fehlen:
der Herbst-Gedenktag „Allerseelen".

Doch i c h begeh' - un-unterbrochen -
den Buß-Gedenktag   „ Aller Knochen"...

> P.S.
> Sie sind - partout - nicht auszumerzen
> die gnadenlosen Rheuma-Schmerzen!

's Klassa-Treffa...

Jüngst hend dia Klassa-Kameraada
zu einem „Fest-le" ei-gelaada:
Vor fuffzich Johr (dont sia bekonda)
hätt' onser ABI stattgefonda.
Dees sei a Grond (dont sia beteira),
a „Wiedersehens-Fest" zu feira.
Se hend (der „Boss" hot's aa-geregt)
a Klassa - Liste beigelegt.
Begierig, 's Neieste zu wissa,
han ii en Blick glei nai-geschmissa:
Bei f e n f der Buba ond der „Dama"
war scho a „Kreiz-le"... henderm Nama.
F e n f Leit' sich schon vom Läben trennten
von 20 Abi-tu-ri-enten.
Erschreckt,verwirrt... ond ganz entsetzt
ben ii zom Telefo gewetzt
ond han beim „Boss" glei ganz verzagt,
worom se weg send, aa-gefragt.

Der eine (hot der „Boss" gesprocha)
sei am Computer z'samma-brocha
ond häb - en seinem Erda-Läba -
koin Mukser meh von sich gegäba.
„Dees ist der Grond (sag' ii doo drauf),
worom ii koin Computer kauf'!"
Dr Zweite häb' zu kalt geduscht
ond so sain Läbenslauf verpfuscht.
„Iii werd' (sag ii) (ond muaß me fassa!)
en Zukunft 's Duscha bleiba-lassa!"
Dr Dritt' häb 's Dasein arg verkürzt:
er sei em Wallis abgestürzt.
„Dees ist mai Red' seit drei-a-dreißich:
daß d'Schweiz gefährlich ist: dees weiß ich!
Iii werd' (do ben ii mir em klara)
zom Klettra stets noch Östreich fahra!"
De Viert' ist Lehrerin gewäsa.
Sia starb ganz ohne Federläsa:

Se war a bißle „sonderbar"...
Daß die sich uffregt, war mir klar.
Ond dodurch kam mir en da Senn,
worom ii **Rekter** worda ben:
Doo braucht mr sich net uff-zurega
ond kann getrost der Ruhe pflega.
Drom han ii (außerhalb der Klassa)
em Rektorat mir's guat geha lassa.
Dr **Fenfte** sei am Tisch gesessa
ond hätt' sai Fristicks-Weckle gessa.
Do fing er kurz no aa zu lalla
ond sei glei tot vom Stuhl gefalla.

Do sagt mai Frau ('s ist net zu fassa !!):
„Iii dät jetzt 's Frühstück bleiba-lassa...!"

Der „Große Dichter" Meyer...

Seit Jahren dua ii Vers-la macha
ond breng' so manche Leit' zom Lacha,
wodurch au oft von ältren Damen
viel Dank- ond Lobes-Worte kamen.
Se fraiet sich (so hört mr) mächtig
ond ii mii au - ganz donderschlächtig.
Seither, wenn mir em Urlaub send
ond wonderscheene Feria hend,
mach' ii (se send meist drauf erpicht)
zom Schluß de Wirtsleit ein Gedicht.
Em Lenz fuhr ich mit meiner Frau
ens Kurbad - noch Bad Rippoldsau
ond, weil d' Bedienong mii so mag
(se brengt da Kaffee jeden Taag!)
ond weil se mir (koi Mensch hätt's denkt)
oo-g'frogt a dritte Tasse brengt,
han ii - mit großem Vorbedacht -
ihr halt a kloi's Gedichtle g'macht.
Jetzt send mir wieder nieber-komma
ond hend so manches Bäädle g'nomma...
Do kommt d'Bedienong auf mii zua
ond läßt mir mit dr Frog' koi Ruah:
Se sagt (mit Blick, wia bei ra Feier):
„Send Sia der „Große Dichter Meyer"?
Von dem (so sagt se oo-beschwert)
han ii scho friher öfters g'heert!"
„Dees net grad," (- muß ii onderstreicha -)
„mir zwoi, mir moinet net da gleicha!"
Worauf ii ihr en Ruah erklär',
daß, wenn ii C.F. Meyer wär',
„no wär' ii (sag' ii - ond werd' rot)
scho seit rond hondert Jahren tot!
Doch dees (so sag' ii zu ihr offa)
dees mechtet mir zwoi doch net hoffa ?!"

Ein unbeabsichtigtes Kompliment...

Ich bin ja nun - das ist bekannt -
zwölf Jahre schon im Ruhestand
und gehe drum - in Seelenruh' -
(nicht möglich!) auf die Achtzig zu...
Da hab' ich gestern - ich sag's offen -
ne früh're Schülerin getroffen:
Sie grüßte mich -von weitem schon -
mit Tochter und dem jüngsten Sohn.
Sie strahlte freundlich, herzlich gar,
obwohl ich nie ihr Lehrer war.
Vielleicht war letzteres der Grund
fürs Strahlen (so ist mein „Befund"!)
    (Sie hat mich nur im Schulverband
    als den gestrengen „Rex" gekannt.)

Sie rannte gleich, als sie mich sah,
herbei wie „'s Kind zum Opa-pa".
„Ei was!" sprach sie mit heit'rem Sinn
(wofür ich sehr empfänglich bin...)
„Ich freu' mich wirklich ganz enorm!
Ich seh': Sie sind noch gut in Form!
Daß Sie (so sprach sie ehrfurchtsvoll)
noch Schuldienst machen, find' ich toll!
Wie lange (fragte sie mich heiter),
wie lange machen Sie noch weiter?"

P.S.
Die „Dame" hat dabei - indessen -
das Datum irgendwie vergessen:
Sie hörte wohl vom Rentenkrach,
das heißt von jenem Ungemach,
daß Lehrer und auch Lehrerinnen,
die heut' mit ihrem Dienst beginnen,
und einst in Rente treten wollen,
bis achtzig weitermachen sollen...

Dr Morga-Muffel

Iii werd' no emmer - oogeloga -
von meiner ersta Frau erzoga..
Frieh'r ist es net so schlemm gewesa:
Iii han beim Frühstick d'Zeitong g'läsa...
Am Obend han ii ferngeguckt,
au sonst mi vor dr Arbeit druckt...
Iii han de ganz' Zeit - o-verdrossa -
mai Freiheit ausgedehnt genossa...
Doch heit', do heißt es - 's ist zom Lacha-:
„Du sottst da Müll no fertigmacha"...
Glei drauf heißt's -fastgar vorwurfsvoll -:
„Der Kompost-Eimer ist randvoll".
Und dann - es klingt scho nach Dressur -:
„He - morga ist Papier-Abfuhr!"
Nun gut. Iii sag' es mir zum Lobe:
Iii ben scho lang der „Mann firs Grobe".
Doch neierdengs ist ganz entschieda
mei Frau mit mir net mehr zufrieda.
En jingster Zeit hot sia vermehrt
sich iber ihren Mann beschwert.
Se sagt es offa, frank ond frei,
daß ii a „Morga-Muffel" sei.
Iii han druff g'sagt - mit arger List -,
ii wüßt jo gar net, was dees ist.
Do hot sie sich erneit beschwert
ond mi ganz ei-drucksvoll belehrt:
Dees sei a Mann, genau wie ii,
der hockt am Frühstick vis-a-vis
von seiner Gattin immerfort
ond schwätzt mit ihr koi oinzigs Wort.

Dees hot mii scho a bißle quält.
Iii han es meinem Fraind erzählt.
Der hot zunächst von Herza g'lacht.
No hot er ein Geständnis g'macht:
Au seine Frau hätt' ihm - verbissa -
genau des Gleiche vorgeschmissa.

Do hätt' er sich zusamma-g'rissa
ond en da saura Apfel bissa
ond mühelos (so wia erwartet)
beim Frühstick halt en „small-talk" g'startet.
Doch sei sai Frau - so wia er glaub' -
enzwischa fast so gut wie taub.
Sie brauch', weil dees ihr helfa täte,
net oi's bloß, noi, zwoi Hörgeräte.
Doch klagt se weiter - ganz empört -,
daß sia trotzdem fast nix meh hört!
„Hurra" - so sagt mai Fraind erfreut -
„mai Frau hört, wenn ii schwätz' - kein'n Deut.
Denn seit der Zeit glaubt jetzt mai Frau:
ii schwätz' mit ihr, wenn ich bloß kau'!"

Drom rät mai Fraind der doo druff schwört:
„Wart', bis de Dei' au nix meh hört!"

Die reale Unsterblichkeit

Salat und Eier sind verderblich,
doch welcher Mensch ist schon unsterblich?
Ich frag' das Schicksal: „Wer ist's, sprich!"
Da sagt es „amtlich", das sei ... ich!
Unsterblich, ich? das kann nicht sein.
Die Götter sind nicht so gemein.
Doch stimmt es, weil ich's sicher weiß.
Ich habe nämlich den Beweis.

Die Werbung bin ich lang schon leid.
Doch schickte mir der „Langenscheidt"
vor mehr als 40 Jahren schon
Prospekte für ein Lexikon.
Bekanntlich haben ja die Schwaben
mit ihren ganz besond'ren Gaben
in vielen schweren Arbeitsstunden
die Tugend „Sparsamkeit" erfunden.
So schrieb ich schon vor langer Zeit
aus Sparsamkeit an „Langenscheidt",
ich bräuchte Lexica mitnichten,
denn ich würd' nicht mehr unterrichten.
Zeit war's, den Schuldienst zu beenden.
Drum sollten sie mir nichts mehr senden.
Jedoch, ich staunte, was geschah:
Die Briefpost - eh' ich's mich versah -
die brachte - eins-ums-andre-mal -
mir Langenscheidt-sches Mat'rial.
Ich schrieb, verärgert und verbissen,
das Geld sei nutzlos rausgeschmissen.
Ich hätte Bücher sonder Zahl
und bräucht' kein Werbemat'rial.
Doch kamen weiter - unverdrossen -
(man könnte denken: mir zum Bossen)
Prospekte (ohne mein Begehr'),
fast dacht' ich, es sind immer mehr...
Ich war erbost und schrieb erneut,
daß mich die Werbung nicht erfreut.

Ich hab' noch zwei- / dreimal geschrieben,
doch ist die Wirkung ausgeblieben.
Da hab' ich auf die Post gepfiffen
und flugs zum Telefon gegriffen.
Ich sei schon alt, nicht mehr im Dienst.
Für sie geb's keinerlei Gewinnst,
wenn sie bei mir noch werben wollten,
weshalb sie's bleiben lassen sollten.
Da sagte mir die Bücher- Dame,
sie schicke weiter mir Reklame.

Und dafür geb' es einen Grund:
Das bißchen Werbungs-Kassen-Schwund
für alte Leute, die bald sterben
und drum kein Schulbuch mehr erwerben,
das koste (so das Rechenspiel)
den „Langenscheidt" nicht halb so viel,
wie eine Extra - Angestellte,
die's dafür einzustellen gelte,
damit die alten Werbungs-Leichen
aus ihrer Post-Kartei entweichen.

Ich bliebe - sprach sie ungerührt -
bei ihnen weiterhin geführt.
Ich könne ja das Zeug zerreißen
und achtlos in den Abfall schmeißen.
Das ließ' sich anders nicht verwalten.
Ich würde drum noch Post erhalten,
wenn ich (so sprach die Dame - sachte -)
das Gras von unten her betrachte…
Ich sagte: „Werd' ich mal erblassen,
dann werde ich Sie's wissen lassen.
Dann können Sie - zu „kalten Händen" -
die Post mir „an den Friedhof" senden.
Ich weiß, daß ich, wenn ich erkalte,
in Ewigkeit noch Post erhalte."

Und deshalb bin ich zwar verderblich,
doch - „Langenscheidt"- sei - Dank - … unsterblich.

Die große Dürre (Sommer 2003)

oder

Angewandte Physik

Ich lieg' mit meiner „Traumfigur",
mit der ich jüngst nach Bayern fuhr,
vergnügt auf meinem Kanapee
und schaue übern Waging-See.
Hier ist es eine Lust zu träumen.
Die Blätter rieseln von den Bäumen.
Die Gabi sagt - so nebenbei -,
daß schuld die große Dürre sei.
Ich sage drauf: „So weit ich blicke,
seh' ich nur lauter kleine Dicke,
und dieser Anblick schmerzt mich sehr.
Es gibt nur Kugeln ringsumher."
Die Gabi spricht: „Stoff - neunte Klasse:
Die Kugel faßt die größte Masse
bei der geringsten Oberfläche!"
Ich sag', daß ich von **Frauen** spreche.
„Ich auch", erwidert sie drauf laut,
„es paßt in eine runde Haut
weit mehr hinein an Kuchen-Sahne...
(was ich bereits seit langem ahne),
als in 'nen langen, dünnen Schlauch
laut dem „Natur-Gesetz vom Bauch".
Die Gabi hat, ich sag' es offen,
den Nagel auf den Kopf getroffen.

Merke:

Man sieht: Das Studium der Physik ist
ein Mittel, daß man nicht zu dick ist…

Bremsen

Die Gabi (was bekundet sei)
fährt 40 Jahre unfallfrei
in ihrem „gold'nen" Sport-Coupé.
Sie fährt recht gut, so wie ich seh'.
Heut' morgen fährt sie in die Stadt,
weil sie was zu besorgen hat.
Sie kommt zurück, ich steh' am Haus
und denk': „Warum steigt sie nicht aus?"
Ich komme mit mir überein:
„Ich könnte ihr behilflich sein!"
Ich geh' zur Tür und nehm' den Griff
und bin - beflissen - im Begriff,
für sie die Türe aufzureißen
und denk': sie wird mich dafür preisen...

Stattdessen höre ich sie sagen:
„'s ist eine Bremse in dem Wagen!"
„Mein Schatz" (sag' ich) „das ist das Feine:
Das haben alle Autos eine !"

       P.S.
       Ich bin ins Auto reingegangen
       und hab' die Bremse eingefangen.

       P.S. P.S.
       Gelogen! Ich muß offen sagen:
       ich hab' die Bremse totgeschlagen.

Der Oliven-Baum

Die Gabi war heut sehr erbost:
Sie glaubt, ich sei nicht mehr bei Trost:

Weshalb sie sich die Haare rauft?
Nen Ölbaum hab' ich mir gekauft.

Der Gärtner sagte: Wenig gießen.

Er hat mich zwar drauf hingewiesen,
daß so ein Baum, wenn man ihn hegt,
in hundert Jahr'n erst Früchte trägt...

Ich fragte ihn: „Was soll das heißen?
Zähl' ich bereits zum alten Eisen,
das fällig ist, ins Gras zu beißen?

Ich will das alte Eisen preisen!

So „altes Eisen" - sag' ich frech -
ist besser als ein „junges Blech"! ...

Nachtrag

Schon langezeit war das mein Traum:
Ein knorriger Oliven-Baum.

Ich hoffe, daß ich irgendwann
die Früchte doch noch ernten kann...
Wenn nicht, bitt' ich - zu meinen Händen -
mir die Oliven nachzusenden...

... zu alt...

Als Kind schon - und das gilt bis jetzt -
hat man mich jünger eingeschätzt,
als ich's - das klingt wohl sonderbar -
jeweils in Wirklichkeit schon war.
Erst kürzlich wurd' ich - wirklich wahr -
vorübergehend siebzig Jahr'.
So mancher Freund sprach da verwundert:
„So wie Du aussiehst, wirst Du hundert!"
Ein andrer äußerte, er dächt' sich,
ich wäre höchstens neun-und-sechzich.
Doch neulich hat - ich sag' es offen -
mich beinah fast der Schlag getroffen.
Ich wurde für zu alt gehalten
jüngst von zwei weiblichen Gestalten...

Vor Jahren hab' ich mal - verzagt -
im „AUGUSTINUM" angefragt,
ob denn - das klingt schon fast nach Häme -
man dort vielleicht auch... Lehrer nehme...
Die Wartezeit - hat man geschrieben -
betrage - jetzt - der Jahre sieben.
Dann wurd' ich - es ließ sich nicht ändern -
glatt 70 - glaubt man den Kalendern...
Kein Grund zum Schmerz, was mich betrifft.
Doch dacht' ich wieder an das Stift...
Wenn jetzt noch sieben Jahre gelten,
ist's Zeit, sich bald mal anzumelden.
Um unsern Wunsch zu offenbaren,
sind wir per Zug zum „Stift" gefahren.
Dort war man höflich, freundlich, nett,
doch hieß es gleich: „Wir sind komplett!"
Die „Wartezeit' betrag' - für Paare -
inzwischen mindestens elf Jahre.
Bis 80 sei man nur willkommen.
Danach werd' keiner aufgenommen.
„Sie sind (so sprach die Dame kalt)
für unser Altersheim... zu alt!

„Sonst hört man (sag’ ich) alleweil
von jedermann das Gegenteil“.

Ich hab’ mich mächtig aufgeregt
und mit Empörung losgelegt:
„Auch wenn es Ihnen nicht gefällt:
Ich bin ein flotter Spring-ins-Feld.
Ich hab die Litnis jüngst erklommen
und bin bei 13 Grad geschwommen
im Sommer noch im Waging -See.
Ich schippe 80 Meter Schnee
auf uns’rer Einfahrt steil bergan...
Ich bin noch lang kein Veteran.
Ich mäh’ die Wiese - fälle Bäume,
die ich danach beiseite räume...
Ich bin noch rüstig - keine Bange -!
Mein Kreislauf ist in vollem Gange.
Auf Wunsch halt ich Sie - ei-der-Daus -
an einem Arm zum Dach hinaus.“

Doch ist die Dame hart geblieben!
„ Zuu alt!“ (hat sie mir hin-gerieben)...
„Ich könnte mich - Sie werden lachen -
auch wie Frau Lübke jünger machen!“
hab’ ich verbiestert und verbissen
der Büro-Frau an Kopf geschmissen.
„Das alles (sagt sie kalten Blicks)
nützt (glauben Sie mir) wirklich nix!
Es hilft kein Schimpfen und kein Fluchen!
Sie sollten es vielleicht versuchen,
(sprach sie - inzwischen auch ergrimmt -)
ob man vielleicht Sie sonst wo nimmt...
(kaum konnte sie den Spott verbergen)
vielleicht in ... Jugend- He-r-bergen?“
Uns hat’s zu dämmern angefangen.

Es ist ein Licht uns aufgegangen:
Wir müssen - wird's zu Ende gehen -
dem Tod zu Haus entgegensehen.

Jetzt kann ich - und ich sag' es offen -
im Grund genommen nur noch hoffen,
daß, wenn der Teufel mich mal holt
und man zum Grab mich karriolt,
daß dann der Chef der Grabausheber,
das heißt der Ober-Toten-Gräber
mir die Bestattung nicht verwehrt
und mich nicht für „zu alt" erklärt...

Es bleibt jedoch - von unsern Plänen -
das gute Ende zu erwähnen:
Es nahm an das Seniorenstift...
uns beide (selbst was mich betrifft).

Wie kann mr bloß so bleed sai...!

Seit gestern woiß net blooß mai Frau...
noi, ii woiß selbst jetzt ganz genau:
's stoht außer Frage - gar koi Red' -:
lii ben ganz oo-beschreiblich bleed!

Ganz ohne Feingefiehl ond Takt
hot dees a Mann zu mir gesagt.
Genau so hot sich's zugetraga:
(A Frechheit war's! 's ist net zu saga!)

Dia Bayern hend a Festle g'feiert
und drom a Jazz-Band a-geheiert.
Mir hocket do - vor onsre Gläser -
ond wartet gierig uff dia Bläser...
denn: jene a-gesagte Bänd
befaßte sich mit... Dixieland.
's Programm war durch-an-ander-komma
(mir hend dees zwar net ibel-g'nomma),
doch pletzlich startet iberm Berg
a wonderbares Feierwerk ...
Mit „A-a-a-a-a-a" begleitet wurde jede
hinaufgeschossene Rakete.
Ond, weil's bei jedem Hochgezisch
gejubelt hot - am Nochber-Tisch -,
so hend au mir zwoi - en dr Tat -
bei jeder Leucht-Raket ge-„aaaaaaa"-t...

Es ist am Nochbertisch gesessa
an alder „Macker" ond hot g'gessa.
Der hot a Stond' lang (oo-geloga)
trotz Blos-Musik koi Mien' verzoga.
Sei G'sicht, dees ist ehm ronder-g'hanga,
als hätt er Spinna ei-gefanga.
Ond, als ons en der Nacht, der klara,
ist wiederom ein „ A-a-a-a-a" entfahra,
do dreht sich dieses Maa-le om
ond frogt mii ernsthaft: „Bist Du domm?

Bist Du so bleed (so legt der los).
Womeeglich spielst Du dees au bloß?
Wia kann mr bloß (so flicht er ei)
so bleed ond maßlos saudomm sei?"

Do flüstre ii ihm en die Ohra:
„Hör zu! Iii ben scho bleed gebora!
Dees ist an aa-gebor'ner Mangel!
Der Rest kommt von-e-ma Gerangel.
A Kerl wia Du hot (net zu saga)
mir einst oi's ibern Grind geschlaga!
Dr Arzt sagt, es sei net zom Lacha,
doch könn' mr leider nix meh macha.

Do könn' mr bloß (sag' ii betreta)
dia Hände falta, fir mii bäta!"

Do hot des Maa-le weggeguckt
ond schnell sich von sai'm Tisch gedruckt...!
Iii glaub', der hot am Biertisch dromma,
mai G'schwätz fir bahre Minz' genomma...

Doch ii woiß endlich - immerhin -:
wia oo-beschreiblich bleed ii bin ...

Pilze

und andre Mordinstrumente...

Seit meiner Hochzeit - ich sag's ehrlich -
leb' ich ganz fürchterlich gefährlich:
Denn Gabi (ich verzeih's ihr nie)
studierte so was wie Chemie.
Ein Freund hat daher mich gewarnt:
„Wenn die erfolgreich Dich umgarnt,
dann weißt Du nie, wenn Du was ißt,
ob d'Mahlzeit nicht die letzte ist!"

Nun hab' (trotz Warnung von Bekannten)
ich dreißig Jahre überstanden
zusammen mit dem Frauenzimmer
und stelle fest: Ich leb' noch immer.

Vielleicht (so ist mir jüngst gekommen)
hat sie zu wenig Gift genommen...?
Womöglich bin ich zu robust...?
(vielleicht fehlt ihr zum Mord die Lust...)
Das ist's nicht, was mich heut bewegt.
Ein Vorgang hat mich mehr erregt:

Auf Gabis allererster Stelle
hat sie ne intellektuelle
charmante, und ich sag' es offen,
berühmte Dame angetroffen.
Sie war (und das im ganzen Land!)
als Pilze-Kennerin bekannt.
Sie hielt auch Pilze-Seminare!
Und lag kurz drauf schon auf der Bahre:
Sie hat - trotz ihrem großen Wissen -
nach Pilz-Genuß ins Gras gebissen.

Die Gabi ließ sich's nicht verdrießen.
Frau Eichhorst hat sie unterwiesen,
wie man die vielen Pilze nennt

und wie man auch die „falschen" kennt.

Lang hat die Gabi - (nicht zu sagen !) -
das Wissen mit sich rumgetragen:
So oft im Wald sie Pilze sah,
hört' ich sie jauchzen: Heureka!
Oft hat die Lust sich noch gesteigert.
Doch ich, ich habe mich geweigert,
mich pilzlich in den Tod zu stürzen
und so mein Leben zu verkürzen.

Heut' morgen stand auf einer Wiese
(so schön, wie nur im Paradiese)
ein Hexenring - ganz wunderbar -.
Da war mir plötzlich völlig klar,
daß jetzt der Tag gekommen war,
wo - trotz der pilzlichen Gefahr -
die Schicksalsgöttin nach mir schielte
und scharf auf meine Feigheit zielte.
Ich dachte mir, wenn ich jetzt sage:
„Soo schöne Pilze! keine Frage,
doch laß die guten Pilze stehen.
Wir wollen lieber weitergehen."
Dann wird ihr Herz für mich erkalten
und sie mich für nen Feigling halten.

Doch sage ich zu ihr - indessen -:
„Das gibt ein feines Mittagessen",
wird sie die Heuchelei durchschauen
(so raffiniert sind nun mal… Frauen).

So war ich hin- und her-gerissen.
Ein jeder will jetzt sicher wissen:
Was habe letztlich ich getan?

Ich habe meiner Frau spontan
geholfen, diese schönen Schwammeln
mit großem Eifer einzusammeln
und sie in einen Sack zu packen

(Frau Dr. Eichhorst stets im Nacken !!)
Zu Hause habe ich verdrossen
mit meinem Leben abgeschlossen.
Ich machte es wie eine Schnecke:
Ich setzte mich in eine Ecke
und hab' mir Rechenschaft gegeben
für mein verpfuschtes Erdenleben.
„Gleich wird der Orkus mich verschlingen...
Man wird mich um die Ecke bringen...!
Die Pilze sind mir nicht geheuer.
Der Teufel schürt bereits das Feuer..."

Indessen - ich mach' draus kein Hehl -
war meine Gabi ganz fidel
und hat - vom Vorgeschmack geleitet -
die vielen Pilze zubereitet.
Ich dachte nur: Wenn ich dann leide,
dann leiden wenigstens wir beide...

Doch das konnt' keinen Trost mir spenden:
Ich werde in der Hölle enden,
doch sie - statt ihren Fraß zu büßen -
wird sich die Himmelfahrt versüßen
und sitzt (weil sie den Himmel pries)
am Fensterplatz im Paradies.

Früh'r hätte ich die Schwammerl-Massen
durch Gabi erst mal „kosten" lassen.
Wär' sie am Abend noch am Leben,
hätt' ich mir einen Ruck gegeben,
entgegen dem Protest der Nerven,
den Pilze-Rest mir einzuwerfen.
Doch heute hatt' ich keine Wahl.
Ich machte mich ans „Henkers-Mahl".
Ich habe brav mich überwunden
und ließ das Pilzgericht mir munden.
Erleichtert war ich damit fertig,
des sich'ren Todes nun gewärtig.
Jedoch es schien mein armer Magen

mit diesem Fraß sich zu vertragen.
Und sieheda - genau besehen -
ist selbst nach Stunden nichts geschehen.
Bei diesen Pilzen - handverlesen -
ist -scheint's- kein „Feind" dabeigewesen...

Plötzlich - es war weltbewegend -
zwickt es in der Magen-Gegend:
Ich sag': „Du wirst alles erben!
Lebe wohl! Ich muß jetzt sterben!
Morgen früh, beim Morgenrot
bin ich schon ein bißchen tot!"
„Unsinn!" sagt die Pilz-Expertin,
meine „Lebens-Teil-Gefährtin",
„Du hast Dir nur Deinen Magen
wieder viel zu vollgeschlagen!"

Abends ließ das Ungemach
überraschend etwas nach.
„'s werden besser die Beschwerden!
Du wirst keine Witwe werden!"
sage ich -ein bißchen schüchtern -.
„Morgen bist Du wieder nüchtern,
denn Du hast (hör' ich sie unken)
zu dem Pilz zu viel getrunken.
Außerdem (so sagt sie laut)
Deine Pilze sind verdaut!
Wenn auch Teufel Deiner harrten:
Alle müssen sie noch warten!"

Kleinlaut hab' ich - mit viel Takt -
zu der „Pilze-Frau" gesagt:
„Köstlich war das Mittagessen.
Wollen's Danken nicht vergessen.
Wann gibt's (darf ich das noch fragen)
für den pilz-verwöhnten Magen
(sagt' ich ihr ins Angesicht)
wieder dies..., mein „Leib-Gericht?"

Man(n) heiratet nur schöne Frauen....

Kollegen haben ('s war zum Schießen ...!)
die Reize ihrer Frau gepriesen.
Sie kamen dabei überein:
Ne Ehefrau hat schön zu sein.
Und jeder (bei der Nabelschau)
besaß die allerschönste Frau.

Da hat sich einer aufgeschwungen
und eine Hymne gar gesungen.
Für ihn sei Frauen-Schönheit wichtig.
Ne Ehefrau sei „schönheits-pflichtig"!
Sein Weib sei wie aus Lindenholz!
Er sei auf ihre Schönheit „stolz"!

Ich fragte, ob man stolz sein kann
auf etwas, wofür man nichts kann?
Gleich wurd' (ich sei beklagenswert)
ich eines Besseren belehrt.
Man sei (so sprach ein ganz ein Schlauer)
auch stolz auf den Franz Beckenbauer
sowie auf alle Fußball-Helden,
die immer wieder Siege melden.
Man sei auch stolz auf Steffi Graf,
weil sie so gut die Bälle traf.
Stolz sei ein jeder - ganz gezielt -,
auch wenn er gar nicht Tennis spielt.

Ich sprach: die seien ja Idole
(trotz der so schnell verdienten „Kohle").
Ich hab' zu sagen mich erdreistet:
Die hätten ja auch was geleistet...
Doch eine Frau - so wandt' ich ein -
pflegt ohne Leistung schön zu sein.
Sie hat für ihre Schönheits-Pracht
nie eine Leistung - je - erbracht.
Da wurde ich mit aller Macht
von den Kollegen ausgelacht.

„Ein rechter Mann nimmt keine Eule".
So riefen alle - mit Geheule -.
„Ein Mädchen mit dem Angesicht
von Angy Merkel nimmt man nicht…"

Ich habe drauf hin eingewandt:
Das Urteil fänd' ich allerhand.
Frau Merkel? die sei blitzgescheit
und hochbegabt - insonderheit -.
Sie habe (hab' ich mich erdreistet
zu sagen) auch schon viel geleistet.
Das könn' man nicht - (sprach ich verschlagen)
von allen Ehefrauen sagen!

Begabung (hat man mir gesagt)
sei bei den Frauen nicht gefragt.

Ich hab' es schließlich aufgegeben.
Das Wichtigste für mich im Leben
ist, ob die Mädchen oder Knaben
gewuchert haben mit den Gaben.

Die Blau-Fichte...

Der Mann von meiner Frau hat recht:
Die Welt ist gottsallmächtig schlecht
und sie verdirbt die Lebenslust.
Nun - dessen war ich mir bewußt,
als ich - obwohl ich gar nicht wollte -
das Licht der Welt erblicken sollte.
Doch: die Verkommenheit der Welt
hab' ich mir s o nicht vorgestellt:
Am Christfest bin seit vielen Jahren
ich nun schon immer gleich verfahren:
Ich habe - vor den Weihnachtstagen -
im Garten einen Baum geschlagen.
Den hat dann (was mich stets beglückt)
geschmackvoll meine Frau geschmückt.
Doch letztes Jahr kam dann am Ende
die lästige Jahrtausendwende.
So dachten wir, es kann nichts schaden:
wir geh'n in einen Gärtnerladen
und (ich war einig mit der Frau):
Wir kaufen eine Fichte - blau....
am besten gleich mit einem Ballen.
Sofort hat eine uns gefallen,
und selbst der Preis hat - wie man's nimmt -
- so wie wir dachten - auch gestimmt.
Sie war ganz niedlich - fast vollkommen.
Drum haben wir sie auch genommen.
Die Tanne schenkte uns Entzücken.
Die Gabi fing an, sie zu schmücken.
Bald sah ich Kugeln auf ihr blinken...
Doch fing die Fichte an ... zu.. stinken...
Im warmen Zimmer stiegen Gase
(wie von „Chemie") in uns're Nase.
„ Das waren (dacht' ich) Pesticide."
Sonst war die Fichte „grundsolide"...
Nun - der Gestank hat sich verloren,
beim Tännchen, das wir auserkoren.
Kaum waren wir im neuen Jahr

setzt' ich den Baum - mit Haut und Haar -
mit seinem großen Wurzelballen
zum allgemeinen Wohlgefallen
in unsern Garten auf die Wiese,
worauf ich ihn recht fleißig gieße,
und schließlich ist auf Baum samt Ballen
der erste Regenguß gefallen.
Ich geh' hinaus mit meiner Frau
und seh': der Baum ist nicht mehr **blau**!
So wurde aus dem „Weihnachts-Traum"
ein ordinärer **grüner** Baum...
Der Gärtner hatte - scheint's gewitzt -
den Christbaum nur blau angespritzt...

Ich hab' den Baum - statt ihn zu preisen -
nen „Lugenbeutel" gar geheißen.
„Betrug ist das!" so rief ich laut.
Der Baum hat traurig dreingeschaut,
als dächt' er: „Ich kann nichts dafür!"
Nur Bäume haben noch Gespür
für Ehrlichkeit - so wie es scheint!
Doch meine Seele hat geweint.

Der Geist des Baums hat sich verdüstert.
Er hat mir in mein Ohr geflüstert:
„Am Christfest singst Du - wie im Traum -:
‚O Tannenbaum - O Tannenbaum
(mit ausgelassenem Geschmetter):
wie grün, wie **grün** sind Deine Blätter!'
Drum frag' ich Dich (so sprach er kühn):
Wieso stört Dich denn nun mein ‚Grün'...?"

Seit dieser Zeit macht mir - bis heute -
die grüne Fichte große Freude.
Wir zwei sind Freunde gar geworden...
Den Gärtner könnte ich ermorden...

Takt...

Wo bleibt denn heute noch der Takt?
Im Fernseh'n: lauter Mädchen - nackt.
Politiker - 's war immer so -
die senken weiter das Niveau...
Doch gab es mindestens „privat"
noch Takt - bei Menschen von Format -.
Jedoch auch das scheint zu verwildern:
Wir freuen uns an vielen Bildern
und auch so mancher Miniatur,
die Gabi malt - nach der Natur -.
Viel Menschen haben sich - bis heut' -
an ihren Bildern schon gefreut,
und viele haben - ganz entzückt -
ihr Domizil damit geschmückt.
Vor kurzem hat ein Ex-Kollege,
mit dem ich mich zu treffen pflege,
ein rundes Wiegenfest begangen
und unsern Segenswunsch empfangen.
Ich hab' ihm herzlich gratuliert,
den Gruß mit einem Bild geziert,
das Gabi selbst gepinselt hat
(herzallerliebst war's - in der Tat -).

Man hat sich wieder mal getroffen.
Da sprach er fröhlich: „Ich sag's offen:
's ist Zeit, Frau Mayer, ohne Frage,
daß Ihnen ich Vergelt's-Gott sage.
Ich komm' zu sagen nicht umhin:
Sie sind ne echte Künstlerin!"
Dann hat er's auf den Punkt gebracht:
„Das hätt' ich wirklich nicht gedacht!"

Dia Leicha-Träger...

Worom bloß ist's so weit gekomma:
Iii han zwoi Kilo zugenomma,
derbei han ii - genau betrachtet -
doch emmer auf mai G'wicht geachtet!
Die Waage, dees sei hier be-eidigt,
die hot mii heite arg beleidigt!
Ond, weil ii so sensibel ben,
kam mir mai...Leiche en da Senn:
Iii han dr Gattin längst „befohla":
Wenn mii die Tota-gräber hola,
no drückst am besta - ganz charmant -
ma jeda zwanzig Mark en d' Hand,
weil dia an meiner Leich' am End
so schrecklich schwer zu traga hend...
(viel schwerer, als Du - zugegeba -
an mir getraga hast - em Leba.)
Als heit die Waag' so trostlos war,
do wurde mir ganz pletzlich klar,
daß zwanzig Mark fürs G'schäft - am End' -
vielleicht doch viel zu wenig send.

Do sag' ii (was mai Frau glei wondert):
„Statt zwanzig gibst am besta hondert!"
Do lächelt meine Frau bereits
ond sagt: „Wo bleibt denn doo Dai Geiz?
A rechter Schwoob ist doch so ‚b'hääb'...!"
Ob ii denn dees vergessa häb' ...

„Ein Schwab" (sag ii) „vergißt das nicht!"
Es sei von wäga dem Gewicht!
„Weil ii jetzt doch zwoi Zentner wieg',
erst recht, wenn ii em Sarg dren lieg'!..."
Mai Frau ist doo druff hochgeganga:
„Dees kannst Du net von mir verlanga.
Iii soll ma jeda hondert gäba?
Ganz ausgeschlossa! Nia em Leba!"
„Du bist doch sonst so arg firs Spenden

(sag' ii) „wenn's geht, mit „warmen Händen"!"
Do sagt mai Frau: „Om Himmels Willa!
Den Wonsch kann ii Dir net erfilla,
sonst wellet dia (sagt d'Frau beklomma)
en Zukonft täglich wiederkomma!"

Etwas phantasievolle Ereignisse

Eine ausgesuchte Frechheit...

Mai Gabi backt - scheint's - tolle Kuacha.
Drom kommet Fraind', ons zu besuacha
recht regelmäßig hier ens Haus.
Iii setz' do wirklich nix dra aus,
doch oiner, von den „Frainden-Horden"
ist neilich - beinoh - frech geworden!

Er hot a Sträußle mitgebracht,
dr Gabi Kompliment' gemacht,
ond frogt sia dann - so nebabei -,
wia lang se scho verheirat't sei.
Mai Gabi sagt: „ 's ist wirklich wohr:
jetzt send's scho acht-a-dreißich Johr."

Druff secht der Fraind - mit einem Lacha -:
„Ond wia lang misset Sia no macha?"

's Fraua-Leida...

Ein jeder Mann - ii kann's be-eida -
hot onder seiner Frau zu leida
ond suacht - auf Brecha oder Biaga -
sai „Fraua-Leida" wegzukriaga...

Ob gega Rheuma, Glatze, Gicht...
ob gega Falda em Gesicht,
ob gega Pest ond Fraualeida...:
koi Kurort ist sich zu bescheida,
 - womeeglich no mit Gruppa-Reisa -
a Fahrt ens Bädle aa-zupreisa!
Derbei (das ist das Geniale!)
gibt' s Sonderpreise - Kur-Pauschale!
Mr würde (man könn' garantiera)
a jede Krankheit dort verliera.
Zwar brauche mancher Geld wia Heu,
doch sei er henderher wia neu.
Selbst alde Knacker, wiaste Denger,
dia würdet oo-bestreitbar jenger,
ond selbst dia aller-kremmste Hex,
dia werd' wia neu ond strotz' vor Sex...
Seit dreißich Johr' (net zu bestreida)
leid' ii an einem Fraua-Leida.
Iii han Prospekte komma lassa.
's gibt hondert-tausend, net zu fassa.
Ond jedes Bädle lobt sai Wasser.
Se hend ge-vivte Text-Verfasser.
Ob gega Herz - ob gega Galle:
A Heilong gäb's en jedem Falle...
bei manchem langsam - oft au schnell,
en Teinach oder Liebazell.
Doch Fraua -Leida... dieses Motto
schreibt auf die Fahn' nur Montegrotto!

Iii han zwar allgemein koi Zeit,
doch war mir klar: es ist so weit:
Mit meinem Schmerz, dem un-heilbara,

ben ii noch Montegrotto g'fahra...
Iii han mei Fraua-Leida g'nomma
ond ben domit   herom-geschwomma.
Fenf mool am Daag han ii dort badet!
Zwar hot dees Baada mir net g'schadet;
ii han mai Fraua-Leida g'wässert...
doch hot es sich koi bißle bessert.

D' Prospekt (heißt's) dädet häufig liaga!
Dia Pein (stooht do) sei wegzukriaga,
mr bräucht blooß täglich öfters schwemma,
da ganza Kerper tichtig tremma,
noo dät (so dent se oim verkenda)
a Fraua-Leida ganz verschwenda...
Waas benn ii g'schwomma (wia net g'scheit),
han Trimm-Dich g'macht (o Leit- o Leit!)
von friah bis spät - dia ganze Zeit
han ii mii - kurbedingt - kasteit.
Iii kam mir vor fast wia ein Held!
Doch han ii letztlich festgestellt:
Iii kann, so viel ii will, doo schufta;
doch will mai Leida net verdufta.
Es send dia schreckliche Beschwerda
so leicht - scheint's - doch net loszuwerda.
Trotz täglich fenf mol Kurgewässer
goht's meinem „Leida" eher besser.
Anstatt sich reedlich zu bemiieha,
sich schleunigst von mir zu verzieha,
doo bliaht des Leida richtig auf,
au wenn ii G'sundheits-Wasser sauf!
Mai Leida fiehlt sich täglich wohler
ond grinst mii aa no viel frivoler!!
Dees hot mii so ens Herz getroffa.
Iii ben an d' Rczepzioo geloffa:
  „An Ihrer Kur kann was net stemma!
 Iii bitt', dia Buchong z'rickzunemma!
Dees o i n e kann ii Ehne saaga:
bei mir hot d'Kur net a-geschlaaga.
Obwohl ii kurt han - viele Stonda -,

isch 's Fraua-Leida net verschwonda!"
Do secht der Maa, ziaht d'Augabraua:
„Dees Kurbad hilft doch blooß bei Fraua!"
„Genau" (sag ii) „dees isch's joo grad:
blooß dorom komm ii en Ihr Baad,
om diese elende Beschwerda,
mit Ihrer Hilfe loszuwerda...!"

Der Pförtner hot - mit Wuat-Gebara -
mii gottsallmächtig aa-gefahra:
„Iii sag's no-mool - en Gottes Nama -:
Dees Heilbaad hilft blooß bei de Dama.
Dees Bad beseitigt recht ond schlecht
bloß d'Pein vom weiblicha Geschlecht!"
„Dia Pein" (sag' ii) „kennt ii entbähra:
Darf ii se Ehne net verähra?
Dia loszuwerda, ben ii komma
ond bis zom Überdruß geschwomma.
No emmer leid' ii an dr Alda...
Drom will ii 's Geld zurick-erhalta."
Mir hend (ich muß dees hier bekenna)
ons doch net einig werda kenna.
So ben (ii hätt' mr's kenna spaara!)
ii ganz omsonst ens Bad gefaahra.
Iii han mai Krankheit hier uff Erda
uff andre Weis' - scheint's - loszuwerda.

Dr Feldschütz dät's (es ist zom Lacha)
fir tausend Euro „passend" macha
genau so (hoißt's), wia's mir gefällt!
Doch han ii - ehrlich xagt - koi Geld.

So werd' ii halt (ii sag's verbissa)
mit meiner Krankheit lääba missa...
(bis d' Medizin Erfolg verkindet
ond doo dergeega was erfindet ...!!)

Die Lösung des Rentner-Problems

A Fraindin, sie ist - wirklich wohr -
bereits scho 83 Johr',
hot mir (sia war no tief bewegt)
a Läser-Briefle beigelegt.
Do dren hot oiner vorgeschlaga
(es liegt mr ziemlich schwer em Maga),
wia mr dia „Rentner-Froog'" am End'
sozialverträglich lösa kennt'.

Dia Rentner, dia scho 70 send
ond Rente längst bezooga hend,
die krieget eine Frei-Fahr-Kart'
fir eine „ An-die-Nordsee-Fahrt"
mit Fensterplatz ond 1. Klasse,
jedoch (was ii zunächst net fasse)
bloß „oifach" - ohne Rückbillett -
derzua ein Li-li-en-Bukett...
und einen Brief, en b'sonders lieba,
-vom Bundeskanzler onderschrieba-
mit Dank für „Ihren Dienst am Land".
Den drickt mr deene en die Hand
ond setzt se en en Fischfang-Kutter,
da Opa ond die Ur-Großmutter,
ens Schiffle, des hinaus aufs Meer,
jo sowieso gefahra wär'.
Zehn Kilometer vor der Kiste
prüft dann der Fischer kurz die Liste,
fir die Kontrolle - henderher -
ond wirft die Greise en das Meer.
Blooß der, der z'rickgeschwomma ist,
erhält nomool a Jahresfrist.
Der muß erneut an d' Nordsee reisa
ond ein Johr druff nomool beweise,
daß er (egal, ob Weib, ob Maa)
no emmer tichtig schwemma kaa.

De andre, dia versoffa send
ond d' Küste net „erschwomma" hend,
dia send entsorgt - zwar rigoros -,
doch jedenfalls ganz kostalos.
Koi Grab, koin Grabstoi ond koin Sarg.
Des kost' koin Euro ond koi Mark,
koin Pfarrer ond koin Leicha-schmaus,
koin Trauer-Sekt em Trauerhaus
(ond net amool a bißle Gift…),
koin Arzt ond koi Senioren-Stift,
wo Greise, Rentner, Pensionisten
für teures Geld ihr Dasein fristen.

Ond weiter goht dia Rentner-Hatz:
Gestricha wird dr Zahn-Ersatz.
Was soll ein Rentner, will er lacha,
ganz ohne Zähne kinftig macha?
Fir so a G'sicht (dees leuchtet ai)
do braucht mr jo en Waffa-Schai.
Do wird em Briefle aa-geregt:
Dem, der no Wert uffs Äuß're legt
ond net ganz zahnlos plaudra mecht,
(des gilt fir beiderlei Geschlecht)
ob vor, ob noch dem Herzinfarkt,
dem bietet dann der Supermarkt
für 13 Euro, 90 Cent
(des Zeug läg' heit bereits em Trend)
en „Kunst-Gebiß-Set" - aus vier Teilen:
a Zang', en Kleber, ond zwei Feilen,
sowia a „Rentner- Norm- Prothese"
(man ja den Beipack-Zettel lese).
Der Rentner nehme dann dia Zang'…
ond brauch' dernoch bestimmt net   lang',
bis er - an eines Zahnarzts Statt -
da letzta Zaah gezoga hat.

Dann streiche er (Erfolg: gewiß)
Sekunda-Kleber uffs Gebiß
und ramme dees sich en da Mund.
(des Gleiche gibt's au fir da Hund)!

Es „fliehen" (was ich noch erwähne)
em Alter meistens erst die Zähne.
Drom ist ein Greis - mit „altem Munde" -
des Zahnarzts allerliebster Kunde.
Den macht jetzt brotlos dia Reform.
Der „Spareffekt", der ist enorm:
Denn Arbeitslosengeld erhält
dr Zahnarzt nun vom Steuergeld.

Ond wer koi Spar-Prothese kauft
ond zahnlos durch die Gegend lauft,
net fähig, Schweine-Fleisch zu beißa
ond rohe Hereng zu verspeisa,
der wird schnell Maaga-Krebs bekomma.
(der wirkt au tödlich -streng genomma -).

Dia Greis' send jo bloß „Renta-Fresser".
Dia Jonge send en ällem besser,
obwohl se g'sondheitsschädlich rauchet
und Rücksicht net zu nehmen brauchet,
weil sie des früh're „Ehrt - die - Alten"
fir domm und viel zu teuer halten.

Jedoch, do gibt's die Nemesis.
Dia sorgt derfür - dees ist gewiß -,
daß dia, dia sich so schnöd gebärdet,
em Alter au mool Greise werdet.

Mein Lieblingsgedicht

Der Schreiner

So ist nun eben mal das Leben.
Ich hab' mich ins Spital begeben,
(ganz zweifelsfrei mit Unbehagen),
um etwas dazu beizutragen,
daß - selbst auf Kosten meiner Narben -
die Ärzte nicht so schrecklich darben.

Der Tag des Eingriffs, der kam näher.
Der Tag **davor** ist stets ein zäher.
Ich war vertieft in die Lektüre.
Da klopfte es an meiner Türe.
Ein Mann trat ein in weißem Kittel.
(ich dacht', er brächt' ein Einschlafmittel)...

Da fragte mich der „Mann in Weiß":
„...was ich von Ihnen noch nicht weiß:
Wie groß sind Sie, ich mein': wie lang?"
(was keineswegs bedrohlich klang).

  „Eins-neunzig, jetzt vielleicht auch drunter,
  Herr Doktor!" (sprach ich ziemlich munter).

Da grinst der Mann mir ins Gesicht:
„ Der Doktor ? - - -nein, der bin ich nicht.
O Mann ! Ich bin fünf Nummern kleiner:
Ich bin nicht Arzt, ich bin der Schreiner!"

Dann kam, ich sagte es ja schon,
der Tag der O-pe-ra-ti-on:

Kaum daß man auf dem Schragen liegt,
wird man schon in den „Schlaf" gewiegt.

Es war - dacht' ich - ne lange „Nacht".
Dann bin ich plötzlich aufgewacht
und sah,daß (ich war überzeugt)
der Arzt sich zu mir niederbeugt.

Sein Anblick hat mich fast geschauert:
Ich sprach:" Hat es so lang gedauert?:
Ihr Bart ist dafür der Beweis:
Er ist inzwischen ja ganz weiß!"

Da sprach der Mann mit weißem Bart
in seiner abgeklärten Art:
„Der Arzt, mein Freund, der bin ich nicht."
(so sprach der Mann zu mir - ganz schlicht -)
und sagte mir - so nebenbei -
daß er (O Gott !) ...der PETRUS sei...

Ich wandte ganz verwundert ein:
„Dann werd' ich hier im Himmel sein?"
Drauf hat der Mann mit weißem Bart
das Folgende mir offenbart:

„Der ‚Himmel' - hier - ist nur Attrappe.
Die Engelscharen sind aus Pappe...
Der Bart (ich hoffe, daß er hebt)
ist nur mit UHU angeklebt.
Wir machen heute bloß Krawall,
denn heut' ist ‚Höllen-Maskenball'..."

„Dann bin ich - statt im Himmelszelt -
womöglich in der Unterwelt?"
sprach ich - im Innern aufgewühlt.
„Nein!" sprach der „Petrus" - unterkühlt -!

Mit Nachdruck hat er mir enthüllt:
„Die Hölle ist längst überfüllt!
Da sitzen Fürsten, Päpste, Grafen,
und büßen ihre schweren Strafen."

Ich fragte drauf mit Wißbegier:
„Wo, meine Güte, bin ich hier?"

Er sprach dann - strengen Angesichts -:
„Du bist im absoluten Nichts !"

„Sie sind ja da! Drum kann's nicht sein!"
(so wandte ich verwundert ein).

„Ich bin ein Nichts" (so sprach er froh),
„Mich gibt's gar nicht. Ich tu nur so...!"

Man hat mich - ich sag's nur verbissen -
bald aus dem „Nichts" hinausgeschmissen...
Der Grund (ich sag' es nur betrübt):
ich hab' zu oft Kritik geübt...!
Und drum - was mir total mißfällt -
bin ich nun wieder „auf der Welt"...

Das „Nichts" ist - scheint's - (das wurd' mir klar)
auch nicht mehr das, was es mal war...

Wie man sich täuschen kann….

Do jüngst ben ii (ii war beklomma)
durch meine Heimat-Stadt gekomma.
Ii ben durch manche Strooßa g'loffa
ond han do eine Frau getroffa;
dia hot mii aa- guckt, ond ii: sie...
„Dia kennst!" (denk' ii) „Mit Garantie
ist dia zu Dir en d'Schual geganga?"
han ii zu denka aa-gefanga.
Doch han ii glei zu mir gesagt:
„Dees net! Dia ist jo zu betagt!"
Dees war a hutzlige Gestalt,
so ronde 90 Jahre alt.
Ond dennoch: ... mi hot's int'ressiert!
Ich fasse Mut, gang oo-scheniert
zom Zwecke von ma Interview
auf dieses alte Weible zu:
„Pardon, Madame" (frog' ii befanga)
„Send Sia net hier en d'Schual geganga?"
„Joo!" (gibt se z'rick - bedeutongsschwer -)
„Doch dees, dees ist scho lange her!
Hier han ii" (spricht se sehr bewegt)
„di „Abi-prüfong" abgelegt!
Doch dees (so sagt der „alde Bäsa")
ist neun-zeah-fünfzich scho gewääsa!"
Worauf auch ich ihr gleich bekenne:
„Mir waret uff dr gleicha Penne!
Ein Zufall ist's, den ii kaum fasse:
Sia waret gar en meiner Klasse!"

Do sagt dia Frau ('s ist nicht erdichtet):
„Was haben Sie denn unterrichtet...??"

Hunde, wollt' Ihr ewig leben...

Ich bin, was mir zu denken gibt,
bei Hunden offenbar beliebt.
Denn sehen die mich aus der Ferne,
gibt's Jubel, wie bei ner „Laterne".

Was ich nur nebenbei erwähne:
Sie fletschen erst einmal die Zähne...
Sodann erfolgt ein leises Knurren
(doch lauter, als wenn Tauben gurren).
Dann sind sie meist nicht mehr zu stoppen,
als kämen sie, um mich zu foppen.
Doch weit gefehlt, sie stürzen her,
als bräuchten sie mich zum Verzehr.

Wenn Hunde durch die Gegend fegen,
ist's so, als woll'n sie mich zerlegen.
Erst jüngst - ich sag' es nur befangen -
ist es mir solcherart ergangen.

Ein Hund kam her - auf heißen Kufen -.
Das Frauchen hat mir zugerufen:
„Sie brauchen sich nicht aufzuregen."
(was Hunde-Frau'n zu sagen pflegen).
„Der „Wolfi" wird Sie nicht verspeisen,
und auch nicht in die Waden beißen.
Er ist ja ein so braves Tier.
Der Wolfi ist so nett zu mir."
Drauf sage ich in ernstem Ton:
„Vielleicht, Madame, zu Ihnen schon.
Doch halten Sie das Viech mir fern.
Ich habe „Hunde - Schmus" nicht gern."

Inzwischen kam der „Wolfi" dann
im Schweinsgalopp zu mir heran
und drückte seine nasse Nase
(sie triefte noch von dem Gerase)
an meine schöne, helle Hose...

Drauf stelle ich die Diagnose:
Da ist ein riesengroßer Fleck!!
Ich sag' zum „Wolfi": „Hund, geh' weg!
Die Reinigung, die kommt mich teuer!
Verschwinde jetzt, Du Ungeheuer!"

Drauf sprach das „Frauchen" ganz entsetzt:
„Sie sind ja nicht einmal verletzt!"

Wonach sie ganz verwundert spricht:
„Ja mögen Sie denn Hunde nicht?"

„**Das** schon!" (sag' ich in ernstem Ton)
„Ich mag - im Grundsatz - Hunde schon ...
Doch **Ihre**, die mir keuchend nahten,
mag ich am liebsten... durchgebraten!"

Hier kocht der Chef persönlich

In manchem Gasthaus gibt's ein Schild:
(dazu noch oft - vom Koch - ein Bild)
drauf steht in großer Schrift geschrieben:
Die Speisen - 's ist nicht übertrieben -
die haben allesamt fünf Sterne.
In unserm Gasthaus ißt man gerne,
weil hier - worauf das Haus stolz pocht -
der Firmenchef *persönlich* kocht.

Es lobt der Bäcker das Konfekt,
weil er sein Kunstwerk *selber* bäckt.

Das Bier (heißt's) sei ein Gassenhauer,
denn im Hotel braut *selbst* der Brauer.

Ein Schreiner gibt noch die Gewähr:
Der Chef stellt *selbst* die Möbel her...

Ich schrieb an meine Tür - gewöhnlich -:
Hier denkt der Chef noch höchstpersönlich.

Ganz und gar erfundene Vorkommnisse

Statistik

Die Deutschen - 's wird mir bang und bänger -
die leben - heißt es - immer länger...
Und lebten Männer schon bislang
im Grund genommen viel zu lang,
so werden Sie - ich sag' es offen -
von Frauen auch noch übertroffen,
die alters-kränkelnd - zugegeben -
noch rund 6 Jahre länger leben...

Nun hat ein Schüler mich gefragt
(er hielt mich scheint's für recht betagt):
„Herr Lehrer, ist es wirklich wahr,
(so fragte ernst mich der Scholar),
daß Männer, welche ledig bleiben,
und sich der Einsamkeit verschreiben,
viel kürzer leben, als die, welche
verlangen nach dem Hochzeits-Kelche
und unters größte Joch im Leben
das heißt: der Ehe, sich begeben?"

Da sagte ich - in ernstem Ton -:
„Das ist nicht wahr - mein lieber Sohn - !
Das kommt bestimmt - Du kleiner Tor -
den Ehemännern nur so vor."

Ja, wem schlägt er denn nach…?

Kaum liegt ein Kind mit Wohlbehagen
nichtsahnend in dem Kinderwagen,
da kommen schon die Nachbarfrauen,
um sich das Kindchen anzuschauen.
„Ei, ist der drollig, ist der niedlich
und auch so ausgesprochen friedlich.
Ach,Gott, er ist ja noch ganz bleich…
Wem sieht der süße Bub denn gleich?"

Da spricht die eine von den Damen,
die naseweis zusammenkamen:
„D i e Frage ist - so find' ich - leicht:
Ich denk', daß er dem Vater gleicht."

Die andre spricht: „Er gleicht der Mutter
und wartet lang schon auf sein Futter!"

Dann tritt der Vater noch hinzu
und…. schon kriegt er ein Interview.
Die Damen fragen allgemach:
„Wem von Euch beiden schlägt er nach?"

Der Vater spricht - betont gelassen -:
„Darf ich es kurz zusammenfassen:
Die Schönheit hat er - streng genommen -
von seinem Mütterchen bekommen.
Auch kriegte er, so wie ich fand,
von i h r natürlich den Verstand,

weil ich (ich mache keine Witze)
den m e i n e n nach wie vor besitze."

Vornehme Damen...

Da traf ich jüngst zwei „feine Damen",
die nur zum Schwatz zusammenkamen.
Sie taten vornehm, taten „fein"...,
als wären sie ein Edelstein...
Die eine - aus der Nobelwelt -
sprach: „Nein, ich schaue nicht aufs Geld!"
Sie ging - sprach sie - nicht zum Friseur,
sie geh' zum „Hair-style-Coiffeur"...
Die andre: „Ich laß meine Kleider
cre-ieren nur vom Jet-set- Schneider!"

Sie haben sich am Geld berauscht
und auch Adressen ausgetauscht
von Firmen, wo sie (nicht zu fassen)
mal schneidern, schustern, flicken lassen.
Die erste sagte, gut gelaunt
und zeigte plötzlich sich erstaunt:
„Ihr wunderschöner, neuer Hut
gefällt mir ungeheuer gut.
Der hebt sich ab von niedren Massen.
Ich frag' mich, wo Sie schaffen lassen!"

Da habe ich mich vorgewagt
und äußerst höflich sie gefragt:
„Gnä Frau! Ihr Anblick ist so prächtig,
Ihr Nerz-Cape imponiert mir mächtig.
Das sieht man selten - heutzutage -!
Gestatten Sie mir eine Frage
(ich will auf eine mich beschränken):
„Gnä Frau: Wo lassen Sie denn denken?"

Goethe würde schmunzeln

Da neulich bin ich - recht gediegen -
in einem Gasthof abgestiegen.
Das Haus war wunderschön - doch alt.
Es war schon Herbst und daher kalt,
so daß (da war ich mir im klaren)
die Fenster fest geschlossen waren.
Doch, wie in solchen Häusern immer,
gab's Stimm-Gewirr vom Nachbarzimmer.
Ich hörte (zugegeben: schlecht)
ein eheliches Wortgefecht.
Denn, was dort drüben ward gesprochen,
das wurde ständig unterbrochen
vom Straßenlärm, der unentwegt
von unten raufzudringen pflegt.
Der Streit betraf so manche Themen:
Ich glaubte daraus zu entnehmen
(trotz Schimpfen, Schelten oder Fluchen):
Das Paar wollt' ein Konzert besuchen,
doch lag die Frau scheint's auf den Knien
und schwor: „Ich hab' nichts anzuziehen..."
Sie habe schon seit langer Zeit
kein adäquates Ausgeh-Kleid,
dieweil (so hat sie sich beschwert)
ihr Mann ihr keines mehr verehrt.
Der Straßenlärm hat sehr gestört,
doch hat es sich so angehört...

Plötzlich fing der Ehemann
fürchterlich zu schreien an:
„Und nun komm', Du alter Besen"
(schrie er ohne Federlesen)
„Nimm' die schlechten Lumpenhüllen!"
(hörte ich ihn lauthals brüllen).
Und er sprach: „... der blöde Zopf,
paßt nicht mehr zu Deinem Kopf."
Er beschwor das arme Wesen:
„Wärst Du doch der alte Besen"

(...mancher Gatte - aufgebracht -
hat dasselbe oft gedacht...!)

Weiter hat er sich beschwert
(nicht mehr schreiend, was ihn ehrt):
„Auf Dich hielt ich große Stücke.
Was Du jetzt machst, das ist Tücke!
Welche Mienen,welche Blicke!"
(und er nannte sie ne „Zicke")
„Ach, nun wird mir immer bänger",
sagte er jetzt, scheinbar strenger.
Und - als ob die Stimme schwölle -:
„O! Du Ausgeburt der Hölle!
Soll in Schulden ich ersaufen
und Dir ständig Kleider kaufen?"
sagte er - in Parenthesen -.
„Schluß jetzt. Du verruchter Besen,
der partout nicht hören will!"
Kurze Zeit war es dann still.
Doch erneut kam das Gezerfe:
„Wie ich mich nun auf Dich werfe!"

Da war dieses schlimme Spiel
schließlich mir dann doch zu viel.
Denn ich dacht' an ein Verbrechen!

Um den Portier zu sprechen,
stürzte ich aus meinem Zimmer,
hörte schwach nur das Gewimmer
von dem Zimmer nebenan.
... „stach er zu schon?... der Tyrann?"
Schnell die Polizei zu holen,
hab' dem Diener ich empfohlen.
Oben herrsche große Not,
eine Frau sei wohl schon tot.
Doch dem Mann an dem Empfang
machte all das, scheint's, nicht bang.
Denn er fing zu lachen an:
„Keine Sorge, guter Mann!"

und er sprach von diesen Zweien,
daß sie Vortragskünstler seien,
die in ihrem Zimmer oben
mittags meistens nochmals proben,
weil der Mann - sowie sein „Besen"
abends dann Gedichte lesen...

Heute sei, so sprach der Mann,
Goethes „Zauberlehrling" dran.

Meine (erste) Ehefrau Gabriele

Kishons Beste aller Ehefrauen...

oder aber: Die wirklich beste aller Ehefrauen

Herr Kishon schreibt seit vielen Jahren
(der Mann ist, wie man weiß, erfahren)
 - er schreibt's in jedem Buch aufs neue -,
daß er sich seiner Frau erfreue.
Sie sei (sagt er mit Wohlgefallen)
die „beste Ehefrau von allen"!

Das stimmt vielleicht aus seiner Sicht,
doch ernst zu nehmen ist das nicht.
Denn jeder Leser weiß genau:
sie ist nicht seine erste Frau,
wodurch der Mann ja - in der Tat -
bei Frauen eine Auswahl hat...
Die jetzige ist (will man meinen)
die „beste Ehefrau von seinen"...
Doch ich hab' - unterm Himmelszelt -
die „beste Ehefrau der Welt"!

P.S.
... und außerdem möcht' ich - verschlagen -
zum Schluß verschmitzt Herrn Kishon sagen:

Wenn er, - als Ehemann erprobt -
in jedem Buch die Seine lobt,
von Seiner, als der besten spricht:
Der „arme Mann" kennt Meine nicht......

Drum prüfe, wer sich ewig bindet...

So mancher Mann sucht sich ein Weib
nur wegen dessen schönem Leib,
und oft dient dann das arme Weib
dem Manne nur zum Zeitvertreib...

Doch sucht auch mancher arme Tropf
ein Weib mit Blick auf deren Kopf.

Es schenkt ein Mann - im allgemeinen -
Beachtung auch des Weibes Beinen.

Ein andrer orientiert sich nur
an einer glänzenden Figur.

Doch ich sucht' meine Gabriele
von wegen ihrer schönen Seele...

Der Götter Gunst

Ich hab' mich heute - ganz gepflegt -
(so wie's mein Stil ist) aufgeregt:
Die Welt ist nicht nur maßlos schlecht.
Sie ist - vor allem - ungerecht:
Die Frauen sind - ich sag' es offen -
davon in höchstem Maß betroffen.

Die Welt beurteilt allemal
(und diese Praxis ist fatal)
die Frauen (selbst die mit Format)
nach ihrem äuß'ren Schönheits-Grad.
Das konnte alle Welt betrachten,
als Prinzen neulich Hochzeit machten.
Die Presse hat in jenen Tagen
vor lauter Lob sich überschlagen,
wie schön doch diese Bräute seien,
die diese Königs - Prinzen freien.
Die Mädchen schienen - allgemein -
auf ihre Schönheit stolz zu sein.

Ich sprach zu meiner Gabriele:
„Das Eine ich Dir nicht verhehle:
Ich kann - bei diesen neuen Ehen -
den „Stolz" der Frauen nicht verstehen
auf ihre Schönheit, ihre Brüste,
zumeist gleich auf die ganze Büste,
für die (ich möcht's ja ihnen gönnen)
- bei Gott ! - sie wirklich gar nichts können."

Was ich hier ungern nur erzähle:
Es sprach die kluge Gabriele:
„Die Männer, diese Protz-Gestalten,
die sich für Hochbegabte halten,
so klug und so in-telli-gent,
die denken auch nicht konsequent,
weil sie die guten Geistesgaben
auch unverdient bekommen haben."

Fortschritt, Fortschritt über alles...

Der Mensch von heute hat's bequem
und im Vergleich zu ehedem
kann er sich's heute schöner machen,
als einst die Herrscher der Felachen,
die Könige und auch die Grafen.
Er kann im Daunenbettchen schlafen,
er heizt das ganze Haus zentral,
er ißt auch nicht mehr so frugal,
wie einstmals seine armen Ahnen
zur Zeit der alten Urgermanen,
die sich von Hirse-Brei ernährten
und die des Schlagrahms meist entbehrten.

Doch oft schon mußten Völkerschaften
den Abschied vom Besitz verkraften
und vor der Russenstreitmacht fliehen.
(Dem Hitler wird das nie verziehen).

So hab' ich drüber nachgedacht:
Wenn irgendeine Himmelsmacht
mit ausgesuchter Niedertracht
mich hätt' in gleiche Not gebracht...
Was hätte ich - vom früh'ren Leben -
als erstes? -letztes? aufgegeben?

Ich bräuchte keinen zweiten Wagen.
D e r Abschied wäre zu ertragen.
Auch das Klavier blieb' wohl zurück
(ich hatte damit nie viel Glück!).
Selbst für den Abschied von der Geige
ich einiges Verständnis zeige,
(weil ich ja längst - als kluger Schwabe -
ne zweite, gute Geige habe...)
Und müßt' ich mich noch weiter trennen,
so würd' ich als „verzichtbar" nennen:
Zunächst einmal die Spülmaschine.
(und auch die zweite Violine...)

Die Rührmaschine, 's Telefon
(die 2.Geige sagt' ich schon)!
Die Ski-er und die Ski-Montur,
zur Not auch meine Armbanduhr!
Die digitale Kamera,
und auch die Ziehharmonika,
und, käme ich in große Nöte,
die Heckenschere und die Flöte,
das Haus und die Elektro-Säge,
die mir nicht so am Herzen läge.
Verzichten könnt' ich selbst auf's Dichten…!

Auf Gabi könnt' ich **nicht** verzichten…

Liberalismus ist gut - Freiheit ist besser

Man hört bei Freunden, dann und wann:
„Der tut mir leid, der Ehemann.
Den drückt der ‚häusliche Pantoffel'.“
Er putzt die Wohnung, schält Kartoffel,
er spült die Teller, macht die Betten,
„sie“ schimpft, weil die noch Falten hätten.
Er wäscht das Auto, mäht den Rasen,
oft wird ihm noch der Marsch geblasen.
Die Arbeit wird ihm nicht vergolten.
Stattdessen wird er noch gescholten.
Sie nörgelt ständig an ihm rum.
„Du bist so unbeschreiblich dumm.
Der Nachbar (pflegt sie laut zu klagen)
der würde mich auf Händen tragen.
Der brächte mir -auf Schritt und Tritt -
(kommt er nach Haus) ein Armband mit.
Die andern Frau'n - vor allen Dingen -
die handeln längst mit ihren Ringen.
Von denen hat, so weit ich seh,
fast jede schon ein Collier.
Und überdies - Du meine Güte -
hat jede viele Winterhüte...
Ein Auto würd' - bei Regentagen -
beim Einkauf mir auch sehr behagen...
Es brausen alle Nachbarinnen
mit Porsche in die Stadt - von hinnen -.“

So gehen Frauen, die oft zerfen,
den Ehemännern auf die Nerven.

Doch meine Frau ist alleweil
von alledem das Gegenteil.
Sie macht nicht ständig an mir rum
und nimmt mir auch nicht alles krumm..
Sie hat mich noch nie angeschrien
und nie versucht, mich zu erziehen.
Und daraus - denk' ich - resultiert,

daß uns're Ehe „funktioniert".

Ich muß ihr in das Stammbuch schreiben:
„Mir meine Freiheit auszutreiben,
hast Du - bewußt - nie unternommen.
Drum sind wir so gut ausgekommen."

Sie hat die Freiheit mir belassen
(drin ist sie „Meister aller Klassen!)
Ich hatte mich nie „anzupassen"
und dies und das zu unterlassen.
So gab's, ich sage es zum Schluß,
nie einen „Ehe-Überdruß"!

> P.S. ... „sie" fühlt im Wissen sich bestärkt:
> „Zum Glück hat er es nicht gemerkt.."

Meine Gönnerin

Es hoißt, daß d'Männer „älter werdet".
Doch au dia Fraua send „gefährdet."
Mai Gabi hot ('s ist net zu fassa)
die „Sechzig" hender sich gelassa.
Seither (ist sia amol allai)
guckt sia schnell en da Spiegel nai.
Noi - noi: Net daß se sich berauscht!
Iii han se neulich mool belauscht:
Iii hör' se iber d'Fältla klaga
ond glei druff höre ich sie saga:
(bloß zu sich selber - ganz intim):

„Dees gönn' ich ihm... Dees gönn' ich ihm!"

V i o x x

Seit Jahren ploogt mi mai Arthrose.
Dia führt bei mir fast zur Psychose.
Mai Schulter-G'lenk knackt unentwegt,
wird bloß mai Arm ganz leicht bewegt.
Ond während es am Tag laut kracht,
läßt's mi net schlofa - en dr Nacht.

Viel hot mai Arzt scho ausprobiert,
doch hot koi Mittel mii kuriert.
Ich bin anscheinend doch am End
bei Rheuma-Mitteln resistent.

Scho han ii d' Hoffnung aufgegeba
ond glaubt, daß mi mai ganzes Leba
des Rheuma bis ens Jenseits quält.

Do hot dr Dokter mir erzählt:
Dia Amis hend, wer hätt's gedacht,
ein Mittel uff da Markt gebracht,
des hier im Land no koiner kennt
und des mr „VIOXX-Pilla" nennt.

Ich bitte ihn, mir's zu verschreiba,
om mai Arthrose zu vertreiba.

Gesagt, getan. Ich kauf mr's glei
ond denk' mir au nix Bees' derbei.
Doch krieg' ii Schwindel, spür' en Schmerz.
Es brommt em Kopf, es rast das Herz.
Iii han mi quält, drum han zuletzt
ich dieses Mittel abgesetzt.
Wer hätt' scho so arg leida wolla...

Doch hätt' ii des net macha solla:

Heut' kann mr en dr Zeitong läsa:
Ein Mann - ein Ami sei's gewäsa -

hätt' dieses Mittel eigenomma
ond sei dodurch oms Läba komma.

Sei Witwe, dia war raffiniert
ond hot deswega prozessiert.
Jetzt hot sia - so hot man vernomma -
viel Geld fir ihren Mann bekomma
(so ein Prozeß scheint sich zu lohna):
Zweihondert Dollar-Milliona
hot sie fir's Männle eigestricha,
(Der Mann ist net omsonst verblicha...)

Version eins:

Do sagt mai Gabi ganz verbissa:
„Deees hätt' mr friher wissa missa!"

Version zwei:

Iii sag' zu meiner Gabriele:
Dees eine ich Dir nicht verhehle:
„Hätt' ii dees domols scho gewußt,
hätt' ii die Pilla - voller Lust -
mir pfondweis' en da Mund geschmissa
und Dir zuliebe draufgebissa.
Jetzt wärst Du Witwe - ond zugleich
em Glick ond unbeschreiblich reich.
Du wärst scho lang von mir verschont,
ond außerdem hätt' sich's gelohnt!"

Do äußert meine gute Seele,
mai heißgeliebte Gabriele
spontan - und, wie gewohnt - ganz trocka:
„Milliona könntet mi net locka...
Iii gäb - (so sagt se inhaltsschwer)
Dii net fir ai Milliarde her...!"

P.S.
Ich hör' den ersten Leser schon:

„Wohl stimmt die erste Version."
Ein andrer meint: „Ganz zweifelsfrei
ist richtig nur die Nummer zwei."

So frage ich in aller Ruh':
Nun, - welche Version trifft zu?

Wer Zweifel hat, der kann es wagen,
die Lösung bei mir abzufragen.

(etwas kleinlauter): *...ihr erster Ehemann*

Das Präfix „ver -"

Das Wörtchen „ver-" zeigt häufig an:
Man hat sich offenbar „ver-tan"...
Als Kind hat mir der Ernst gefehlt:
Ich hab' mich öfters mal „ver-zählt".
Und gab's noch manches einzukaufen,
dann hab ich mich auch mal „ver-laufen".
Im Schulheft - 's ist nicht übertrieben -
hab' ich mich öfters mal „ver-schrieben".
Seitdem es den Computer gibt,
hab' ich mich fortgesetzt „ver-tippt".
Manch Börsianer - 's ist bekannt -
hat sich mit seinem Geld „ver-rannt"
und, weil er nach dem Reichtum giert -
„ver-kalkuliert", „ver-spekuliert".
Ich habe - 's muß am Alter liegen -
mich im Gebirge oft „ver-stiegen".
Im Auto hab' ich mich vor Jahren
in Mailand fürchterlich „ver-fahren".

So hat das „ **ver**-" den schlimmen Klang,
daß einem irgendwas mißlang.
Jetzt fällt - wie könnt' es anders sein -
mir noch ein gutes Beispiel ein,
das einen tiefen Einblick gibt:
„Ich hab' mich früher mal ver-liebt...
und - schlimmer noch - ich sag' es schlicht -:
hab' ich mich mal „ver - ehelicht"...

Verzeih' mir, meine gute Seele
Verzeih' mir, liebe Gabriele!
(ich weiß, sie ist ein lieber Schatz
und übersieht den letzten Satz)

Die Freiheit eines Pensionärs

Ich ging - was ich phantastisch fand -
noch rüstig in den Ruhestand.

Da brauche ich rein nichts zu tun
und kann von früh bis abends „ruh'n".
Vorbei ist's mit dem Stress und Drill,
und ich kann machen, was ich will.
Jedoch - so wurde mir berichtet -
bin ich selbst **dazu** nicht verpflichtet.

Die „Haushalts- Erleichterungen" - heute

Das Leben - heute - ist zwar seichter,
doch für die Hausfrau auch viel leichter.
Da gibt's unendlich viel Maschinen,
die ständig der Entlastung dienen.

Der Mann hingegen hat seit Jahren
kaum ne Erleichterung erfahren:
Denn er bekam - als „Hauptverlierer" -
nur den Elektrischen Rasierer,
indes die Frau - so wie man's nimmt -
in Haus-Geräten nur so schwimmt:
Der Kühlschrank und die Waschmaschine
sind - beide - fleißig wie ne Biene.
Der Trockner und auch - in der Tat -
der Föhn, der Bügel-Automat,
der Quirl, der Mikro, 's Bügeleisen
als Heinzelmännchen sich erweisen.

Als größte Hilfe gelten kann
doch nach wie vor ...der Ehemann...!

Ich wollt' für mich ne Lanze brechen,
denn ich kann aus Erfahrung sprechen.

Hans und Häns-chen

Seit meiner frühen Jugend weiß ich:
Der Faule wird am Abend fleißich.
Drum spart' ich auf, so wie ich fand,
das meiste für den Ruhestand.
Früh übt sich (hieß es vorwurfsvoll),
was mal ein Meister werden soll.
Wobei mir gar nicht klar sein wollte,
warum ich Meister werden sollte!

Dann sagte man mir jeden Tag:
Was Häns-chen klein nicht lernen mag,
das lernt der Hans meist hinterher
im ganzen Leben nimmermehr.
Den Lehrern habe ich erzählt:
's ist sinnlos, wenn man's „Häns-chen" quält:
Denn schon als Schüler wurd' mir klar.
Das Sprichwort ist bestimmt nicht wahr.

Es hat in meinem früh'ren Leben
Computer nirgendwo gegeben.
Nun habe ich mir - launenhaft -
mit 70 einen angeschafft.
Ich heiße zwar mitnichten „Hans",
doch sage ich: „Der Dieter kann's",
obwohl ich's nicht bereits als Knabe
schon beigebracht bekommen habe.
Auch weiß ich längst - als Ehemann -,
daß man als Greis noch lernen kann:
Denn nachzugeben - wie ich sehe -
das lernt man erst in einer Ehe,
selbst nachzugeben - überhaupt -,
auch wenn man recht zu haben glaubt!

Im Alter lernt' ich allerwegen,
daß Frauen recht zu haben pflegen.
Ich staune - und bekenn' es gerne -,
daß ich im Alter vieles lerne...

Nur Männer können Vorbilder sein ...

Mr braucht blooß en die BIBEL schaua:
Es ischt a Kreiz mit dene Fraua!
A Kirchavater hot (mit Takt)
als Gottesweisheit einst gesagt:
Die Fraua sollet häuslich walta,
doch en dr Kirch' da Schnabel halta.
Die Kirche hot dees schnell erkannt
ond Männer bloß zum Papst ernannt.
Dia Kardinäle - gar net domm -
die hend scho domols g'wißt, worom!

Doch jetzt ist's endlich rausgekomma:
dia Fraua dienet dem ...Verdomma
der Buaba, auch wenn dia - am End -
recht g'scheit ond wißbegierig send.
Ministerinna, wirklich wahr,
die sehet d'Buba „en Gefahr",
wenn sia bei Lehrerinna landet,
die vorne an dr Tafel standet:
Dees sei koi Vorbild als Magister.
So schimpft sogar a Frau Minister!!

Die Buba würdet öfters weiblich -
net geistig bloß, - noi - au no leiblich:
Se seiet feig', ond trüab ond weichlich,
ond sia verweiblichet -scheint's- reichlich.
Se lasset oft da Mut vermissa,
se suchet Harmonie - verbissa -.
Es gäb koin Streit meh en de Pausa,
se ließet Box- ond Ringkämpf' sausa
ond dätet sich au nia verhaua...
Mit andern Worten: graad wia Fraua...

Ond deshalb dät's - em spätra Läba -
au oft so viel Probleme gäba.
Doch wenn stattdessa (sagt ein Kenner)
am Pult halt stündet stramme Männer,

dia als Idol vor d'Klassa tretet
ond männlich 's Vater-onser betet,
dann würden die ein Vorbild gäba
ond d'Schüler plötzlich wieder „sträba",
statt rommzuhocka ond zu öda,
wia bei ra Lehrerin, ra blöda.

Dees kann (ii will net ibertreiba)
ii rundweg blanco onderschreiba.
Denn ii han dees vor 40 Jahren
betrübt am eig'na Leib erfahren.

Iii war en REIMS einst - in der Tat -
an einer Schual - mit Internat:
En dera Schule - inna-drinna -
do gab es 80 Lehrerinna,
jedoch koin Lehrer gab's em Haus.
Als ii kam, gab es zwar Applaus
bei über tausend Schülerinna,
doch kann ii mii no guet entsinna,
daß onder sämtlichen Scholaren
de ganz' Zeit koine Buba waren.
Doch d' Mädla hend - dees muaß mr wissa -
bei mir sich d'Füß' fast raus-gerissa.
Ond drom war das Kollegium,
(kam ii ens Lehrerzimmer) ...stumm.
Froh kam ii rei - ond ziemlich lässig,
die Lehrerinna meist gehässig,
als wäret älle ei-geschnappt.
Blooß fenf hend einen Mann gehabt,
ond drom send älle alte Bäsa
scho 50 ond deriieber g'wäsa
ond sichtbar (dees en Parenthese)
scho jenseits - au- von „Gut-ond Beese".
Doch ii war flott ond Junggeselle,
noch knackig, was ich onderstelle!

Dia Mädla hend fir mii geschwärmt...
Die Fraua hend sich, scheint's, gehärmt,

denn meine motivierte (!!) Klassa
(dia Chefin konnt' dees gar net fassa)
hend plötzlich (es war oobestritta)
bedeitend besser abgeschnitta.
Doch geb' ii - aa-standshalber - zua
(was ii natierlich oo-gern tua),
daß jeder oo-beweibte Mann
em Harem emmer „glänza" kann.
Denn jedem Jüngling - oo-geloga -
wär' Sympathie entgega-g'floga.

So ist's (sagt jetzt die Frau Minister):
Mit Marschall-Stab in dem Tornister
stellt so ein Mann - das ist mir klar -
ein weitaus bess'res Vorbild dar
(egal mit welchem Körperbau!),
als eine unzufried'ne Frau.

Und dees ist mir - mit andern Worten -
vor 40 Johr' scho klargeworden!

Epilog

Es hot sich - ii kann dees bekunda -
em ganza Haus koin Mann befunda.
Selbst vorna, an dem Ei-gangsschalter,
saß eine Frau als ... Hausverwalter(!)
Ein Jahr als Hahn im Hühnerstall...
Doo wird mr weich - auf jeden Fall.
So fiehlte (es war o-beschreiblich)
noch kurzer Zeit au iiii mii weiblich:
Als „HAHN" en dieser Weiber-Clique,
han ii signiert als: „Dieterike"!

Fazit:
Jetzt woiß da Grond ii - immerhin,
worom ii so verweichlicht bin!

Epilog II

Trotzdem han ii, wer hätt's gedacht,
a menschlich großes Werk vollbracht:
Viel Buaba hab' ii - auf mei Art -
vor einer Lehrerin bewahrt,
indem ich eine - zwar gescheite -
doch „feminine Lehrkraft" freite.

Die hab' ii glei druff - oo-gelooga -
aus schulischem „Verkehr gezoga".
So blieb de Schüler sie erspart.
Vor ihr hab' d'Buaba ii bewahrt.
Drum hab' verdient - (bild' ii mir ai)
ich einen großa Heil'ga-Schai!!

Ausblick

Sich lehrerinnisch zu beweiba,
sollt' halt koi Einzel-Beispiel bleiba.
Dees Manns-Volk sollt' - vor allen Dingen -
wie ii a solches Opfer bringen.
Doch will mr halt den Lehrerinna,
wenn's irgend meeglich ist, „entrinna",
statt sich nen „Lehrerinna-Dracha"
firs ganze Läba aa-zu-lacha.

Soo weit- das sollte man versteha -
kann d' Nächstenliebe doch net geha.

Ii ben - es ist net ibertrieba -
scheint's doch a große Ausnahm' blieba.

Eheleute unter sich

...steuerlich absetzbar...

Ne „Gattin" hat mit Wohlbehagen
den Mann mit einer Axt erschlagen,
ein Vorgang, den 's Finanzamt kennt
und 's „Ehegatten-Splitting" nennt...

Die Ehe - realistisch gesehen -

Die Ehe wird (mit Sekt begossen)
- so heißt's - im Himmel abgeschlossen,
doch oft wird sie - 's ist nicht gelogen -
auf Erden gnadenlos vollzogen.

„Wie geht es Euch ?" ...„Uns geht es gut!"

Dies Urteil ist bestimmt untrüglich:
Es geht uns beiden ganz vorzüglich,
es geht uns neiderregend - schier -
- vor allem, im Vergleich zu mir -...

Kluge Männer

Ein Mann, der eine „Jüng're" nimmt,
der braucht im Alter dann bestimmt
- in midlife-Krisen - in extremen -
sich keine „junge Frau" zu nehmen...

Wer hat die Hosen an?

Wenn es das heut' noch wirklich gibt,
daß eine Frau den Gatten liebt,
kann dieser Mann (das klingt zwar schrill)
stets mit ihr machen, was sie will...

Heiraten - aus unterschiedlicher Sicht -

Ich sag' es hiermit im Vertrauen:
Dieweil - seit EVA - nur die Frauen
(um Kurt Tucholsky zu zitieren)
vom Eheschließen profitieren,
da sollte diesen - ganz allein -
die Ehe vorbehalten sein...

Der Unterschied zwischen Mann und Frau

Wenn man heut' junge Leute sieht,
erkennt man kaum den Unterschied
von jungen Männern und den Frauen.
Man kann oft kaum den Augen trauen,
wenn Buben, es ist nicht zu sagen,
den Rücken runter Zöpfe tragen,
wenn Frauen, ebenso wie Knaben
oft kahlgeschor'ne Köpfe haben.
Das kann ich auf den Tod nicht leiden.
Ich kenn' den Unterschied von beiden:

Seit langem kenne ich genau
den Unterschied von „Mann" und „Frau":

Geh'n beide auf ne Modenschau,
guckt auf die Kleider ….nur die… Frau.
Auf einen Mann dagegen wirkt
nur das, was darin sich „verbirgt".

Fragt hinterher ne Ehefrau:
„Gefiel Dir nicht das Kleid in Blau?",
so sagt ein Mann in jedem Falle:
„Gab's blaue? … Mir gefielen alle!"

Altersheim-Prinzip   ...satt und sauber...

Man hört nicht erst in jüngsten Tagen,
von Altersheimen Dauerklagen:
Es fehlt das Geld, es fehlt die Zeit...
Wenn Opa nach der Schwester schreit,
kann sie ihm nur - zum Weiterleben -
Beruhigungs-Tabletten geben.
Sie streichelt eilig - offenbar -
ihm kurz noch übers schütt're Haar,
sagt: „Opa, brav!" - kurz angebunden-
und schon ist sie im Gang verschwunden.
Die Zeit fehlt, um sich bei den Alten
mit Kurz-Gesprächen aufzuhalten.
Der alte Mensch - heißt's allgemein -
muß nur noch „satt und sauber" sein.
Dann ist (so wird vom Chef gepredigt)
der Auftrag „ordentlich" erledigt.
Zu mehr reicht - leider - allemal
bei weitem nicht das Personal.
Es wird den Greisen, den amorphen,
das Essen nur kurz eingeworfen.
Nicht Herzlichkeit noch Nachtgebet
im Auftragsplan der Pfleger steht.
Und wenn ein Pfleger einmal strahlt,
tut er's umsonst und unbezahlt.

Nun habe ich mir heute Nacht
Gedanken dieserhalb gemacht,
nur still und nur so insgeheim
im Hinblick auf mein Altersheim.

Ich sehe, ich hab's - absolut
und relativ gesehen -: gut.
Was man im Altersheim nie hat:
Ich werde - ehrlich - meistens satt.
Und außerdem: man hält mich sauber.
Das alles geht ganz ohne Zauber,

wie man - es leider nur latent -
von manchem Altenwohnstift kennt.

Man streichelt mir auch - wirklich wahr -
auf Antrag übers weiße Haar.
Ich fühle es - ich sag's betreten -:
Man würd' -zur Not- auch mit mir beten.
Man würde mir die Haare stutzen,
wenn nötig, auch die Nase putzen.
Man wär' bereit, nen Brief zu schreiben
und meinen Rücken einzureiben.
Man würde mich auch herzlich streicheln
und meinem Selbstbewußtsein schmeicheln.
Man würde mir die Nägel schneiden
und helfen, um mich anzukleiden.

Zu all dem wäre man erbötig.
Doch ist es vorerst noch nicht nötig.
Vor allem laß ich mich beim Beten
zur Zeit noch personell vertreten
und ich will auf das eig'ne Dichten,
solang es geht,noch nicht verzichten.
Doch bin ich - weil's was für sich hat -
gern „sauber" - und vor allem „satt".
Die Hilfe wird gern angenommen.
Ich weiß: mit mir ist's weit gekommen.

So bin ich (wunschlos!) ganz entschieden
mit m e i n e m Altenheim zufrieden
und kann - ich will es nicht verhehlen -
es jedem rückhaltlos empfehlen.

Hier pflegt man keinen Greis zu quälen.
Das Wohnstift heißt: … „bei Gabrielen"…

Die Heiraterei -früher und heute -

Früh'r endete die Hochzeitsfeier
mit einer altbewährten Leier:
Der Pfarrer sprach zum Bräutigam
und ebenso auch zur „Madame":

„O Brautpaar - gehet hin im Frieden.
Der Segen sei Euch stets beschieden,
ich schließe mich als Kirchenmann,
privat den Segenswünschen an:
dass Euch der HERR in seiner Güte,
auf Euerm Lebensweg behüte."

So endete einst (nicht bei Mayer)
in Deutschland jede Hochzeitsfeier.

Doch geht sie anders heut' zu Ende:
Der Pfarrer hebt erneut die Hände
und spricht in ziemlich ernstem Ton
beschwörend in das Mikrophon:

„Bei Nebenwirkungen der Ehe,
bei Risiken, so wie ich's sehe,
da fragen Sie (bei nem Geschäker)
den Arzt sowie den Apotheker."

Einmal ist keinmal…

Man brachte mir als Kind schon bei,
daß „ einmal" wirklich „kein Mal" sei.
Mit Skepsis hab' ich das vernommen.
Es ist mir seltsam vorgekommen.

So dürfte man - heißt's - einmal stehlen,
und einmal eine Katze quälen,
und einmal donderschlächtig lügen,
und einmal seinen Freund betrügen.

Man darf als Mann - vor allen Dingen -,
wenn's einmal bleibt, auch „seitenspringen".

Ich habe nämlich, wie ich sehe,
seit 30 Jahren eine Ehe.
So dürfte ich - mit Gottes Walten -
exact mir eine Freundin halten,
wenn's gilt, daß einmal keinmal ist.
So jedenfalls schließt der Sophist.

Man sei - so heißt es - nie zu jung
für einen kleinen Seitensprung -
und ebenso auch nie zu alt,
trotz schon zerbröselnder Gestalt.

Ich fürchte nur, das Amtsgericht
kennt jenes Sprichwort - dienstlich - nicht.

(und außerdem kann man den Frauen
in puncto „Toleranz" nie trauen)…

D' Schnooka...(-Weibla.!)...

Do neilich ist a Film gekomma...
Deen han ii mir zu Herza g'nomma!
Do hend se (des ist net erdichtet)
von Weibla, Deifela, berichtet.
Dia Drohna werdet (muaß mr wissa)
von Biena aus em Stock geschmissa.
Deees ist nix Nei's (so wia ii main'),
doch - offa g'standa: hundsgemein!
Es fehlet em Gehirn au Schreibla
bei Gottes-Anbetr'inna-Weibla.
Dia fresset en dr Hochzeitsnacht
ihr Männle auf (a Niedertracht!)
Dia Kenntnis ist scho ziemlich alt
ond läßt mii (ehrlich xagt) au kalt:
lii ben dervoo (ii sag' es offa)
em Grond genomma net betroffa:
Mai „bestes Stick"... dees hat a G'wissa
ond mii net aus em Nest geschmissa.
Sii hot (was jeder Gatte preist)
mii bisher au no net verspeist.
En dieser Hinsicht han ii Glick!
Jedoch: ii komm zom Film zurick.
Do hend se gestern obend zeigt:
Das Weib zu Grausamkeiten neigt!

Der Mann, jedoch, sei net blooß niedlich,
er sei au ausgesprocha friedlich!
Bei Schnooka dätet sich - hingeega -
aufs Stecha d'Weibla blooß verleega.
Die Schnooka - Männerschaft mitnichta!!!
Der „Schnookerich", der dät verzichta,
dia arme Menscha soo zu plooga!
Do sieht mr's wieder... bei de Schnooka!
Werd' ii mool von de Schnooka g'stocha,
durch d' Haut, aufs Floisch, bis auf dia Knocha...
noo woiß ii jetzt (oo wia gemein!):
Dees kann jo blooß a Weible sein!

Ond d'Wuat bezieht sich dann - mit Recht -
blooß auf das weibliche Geschlecht...!

Dia „Schnääkina" send dees alleine!
Ond dees grad ist das Hundsgemeine:
Anstatt! ons Männern zu versprecha,
blooß d' Fraua, wia sich's g' heert, zu stecha,
geh'n dia, als echte Feinkost-Kenner,
bevorzugt an ons arme Männer...

Kinder, Studenten und Frauen- die Hälfte -

Seit jeher steht an allen Kassen:
„Es gibt Ermäßigung für Klassen,
für Kinder, Schüler und Studenten
und für Bezieher kleiner Renten...".
Seit kurzem kündigt auch die Bahn
für Frauen einen Nachlaß an:
Die Frau braucht (dem ist beizupflichten)
den halben Fahrpreis zu entrichten,
sofern sie mit dem Gatten fährt
und dieser sich bereit erklärt,
den vollen Fahrpreis zu erlegen
auf bundes-eig'nen Schienenwegen.
Wir beide sind - vor vielen Jahren -
ins Kunstmuseum mal gefahren:
('s war keineswegs der „ Elfte-Elfte"...!)
doch hieß es: „SIE zahlt nur die Hälfte!"
Die Frau, wenn sie mit Gatten fährt,
so heißt's, ist nur die Hälfte wert.
Das freut den Mann - ganz klar - am meisten!
Ich möcht' auch einen Beitrag leisten:
(bestrebt, die „Regel" zu vollenden
und sie aufs Alter anzuwenden):
Der Grundsatz lautet - dergestalt -:
Die Frauen sind nur halb so alt!

Hut ab vor Bismarck

Ich hab' - von Jahr zu Jahr vermehrt -
den Fürsten Bismarck hoch verehrt.
Jüngst las ich von ihm - nebenbei -,
daß ein „Gesetz" beweisbar sei.
Man könn's beweisen an Millionen
von menschlichen Ge-né-ra-tionen.

Der **erste** Sproß schafft, wenn er kann,
zunächst einmal Vermögen an,
das just (die Hände brav gefaltet)
die **zweite** Gen'ration verwaltet.
Die **dritte** macht's bereits zunichte:
Sie widmet sich der Kunstgeschichte.
Die **vierte** wird dann - streng genommen -
zu guterletzt total verkommen.

Man fragt nun: wo liegt der Beweis
für diesen permanenten „Kreis"?

Stimmt's nicht, wär'n alle Menschen reich
mit Gold-Palästen wie ein Scheich…
Doch wer, so frag' ich, würd' sich quälen
und würde noch Kartoffeln schälen,
wer würde je die Fenster putzen
und in den Gärten Hecken stutzen!
Wer würde noch den Müll entsorgen,
wer heizen - winters - früh am Morgen?

…. natürlich … nur ein Ehemann…

(An „Bismarcks Kreislauf" ist was dran)

Die Frau an sich

Ein ganz großes Kompliment... den Frauen...

Die Frauen haben - ich bekenn's -
die größere In-te-lli-genz,
doch machen sie - seit EVA(!) schon -
nicht allzu oft Gebrauch davon...

P.S.
Ein Bräutigam, - so möcht' ich meinen -
macht - in der Regel - davon keinen...

Eva ist an allem schuld...

Der Mann (wär' Eva nicht geboren)
hätt' nie das Paradies verloren.

The ideal wife...

(nicht nach Oscar Wilde!)

In erster Linie (ich sag's täglich)
sei eine Ehefrau verträglich!
Ein Glück auch ist dem Mann beschieden,
ist seine Ehefrau zufrieden!
Es ist erfreulich, ist sie züchtig
und fleißig, sauber, nett und tüchtig!
Vermeidet sie den ersten Streit
und ist (in Maßen!) auch gescheit,
ist lieb sie noch (ich hier nicht höhn'!)...
Bei Gott: Wie ist die Frau dann schön!

(frei nach einer Schwarzwälder Weisheit)

Damen - Wahl

Das eine weiß ich ganz genau:
Wenn eine attraktive Frau
sich ungeheuer überwindet
und eine andre schöner findet,
dann gib es - wie zu allen Zeiten -
im Grunde nur zwei Möglichkeiten:

1. Es ist die Frau, die sonderbare,
   bestimmt schon über 80 Jahre...

2. Der andre Fall ist äußerst selten
   und kann als einzigartig gelten:
   Die Frau, die wirklich lobesame,
   ist eine veritable Dame.

Warum bloß nur im Orient...?

Schon öfters hört' ich Männer klagen
und sich im stillen ernstlich fragen,
warum die Frau'n an allen Tagen
im Orient nur Schleier tragen...

Faltenwurf bei Frauen...

Bei Frauen (oft an Falten leidend)
sind (denk' ich) keineswegs entscheidend
die kleinen Fältchen auf der Stirn,
vielmehr die großen... im Gehirn...

Die Zweit-Wohnung - der Zweit-Wagen - die Zweit-Frau...

Wenn Ehemänner sich vergaßen,
nennt man's in Bayern: „ausi-grasen"...
Jüngst haben (ich hab's schlimm gefunden)
Statistiker herausgefunden:
So manche Frau ging - wohl enthemmt -
in ihrer Ehe schon mal fremd.
Gar jede Zweite - ungelogen -
hat ihren Gatten schon betrogen...
So hat ('s ist wahr, 's ist nicht erdichtet)
die Presse neulich erst berichtet.
Da jede von den zweiten Frauen
(mich packt der Abscheu und das Grauen !)
schon untreu war - in jedem Falle -,
betrogen - von den Zweiten ...: ... alle !

So mußt' die Scheidung ich verschieben.
Bin bei der ersten Frau geblieben.
Hab' bei ihr - bis zur Gegenwart -
in Gottes Namen ausgeharrt...

Kein Grund, stolz zu sein

Ich las nen Spruch von Rosenthal
und fand ihn wirklich genial:

Er sagt, es braucht ein reicher Mann
der sich fast alles leisten kann,
auf Ehrlichkeit - ganz allgemein -
genauso wenig stolz zu sein,
wie eine Frau, die häßlich ist,
bei der man jeden Reiz vermißt,
nicht stolz sein soll (nicht stets aufs neue)
auf ihre makellose Treue ...

Gedankensplitter zur Ehe

Die Beute

Die Frau (und dies nicht erst seit heute)
ist auf der Welt die einz'ge Beute,
die voller Lust und unbeirrt
mit Ungeduld erbeutet wird...

Der Engel...

Die Engel gibt es - ganz gewiß -
nur **masculini** generis ...

Erinnerungen

Es stimmt, wenn ich's genau besehe:
Es gibt ein Leben vor der Ehe...

Die Allerbeste...

Die beste Ehefrau der Welt
(nicht aufzuwiegen mit viel Geld)
ist die, die freudig - dann und wann -
im Haushalt hilft... dem Ehemann!

Ein Lob den Schmetterlingen...

Beim Schmetterling kommt, wie ich glaube,
ein Schmetterling aus einer Raupe.
Bei Frau'n (wie die Erfahrung lehrt)
ist der Prozeß oft umgekehrt.

Die Männer sind alle Verbrecher

Die Frauen sangen schon vor Jahren
(als sie noch ungeliftet waren)
 - meist hinter vorgehalt'nem Fächer -:
Die Männer, alle, sind Verbrecher!

Ob sie berechtigt ist, die Klage…
Das ist - vor allem - nur die Frage.
Vielleicht sind (frag' ich im Vertrauen)
verbrecherisch vielmehr.... die Frauen?

Die Frauen tun - es ist zum Lachen -
für ihr „Erscheinungsbild" heut' Sachen,
für die (was ich als Faktum deute)
ein „Alte-Auto-Makler" heute
(ich sag' das alles ohne Häme)
für Jahre ins Gefängnis käme…

Da frag' ich mich und heb' den Becher:
„WER ist nun wirklich ein Verbrecher?"

Lift-Freuden

Wenn Ehemänner Euros stiften,
dann lassen Frauen sich oft liften.
Doch wenn auch Schönheits-Ärzte winken:
Es läßt sich ein Gehirn nicht schminken…

Die „Verkleinerungsform"...

(oder: die Sache mit dem -chen)

Ich fragte mich heut' primitiv:
wie steht's mit dem Diminuitiv?
Ich will ja nicht verallgemeinern,
doch: „-chen" soll alles wohl verkleinern.
Ich brauche da nicht lang zu suchen:
im Café gibt's meist kleine Ku -chen;
dabei könnt' ich nen „Groß - K u" brauchen!
Und damit sind wir schon beim Rau-chen:
So mancher Mann und manche Frau
die rau-chen nicht bloß, nein, die rau!
Nicht selten hat (es ist zum Lachen)
ein Mann nen „Dra" (nicht nur nen Dra-chen).
Ich zähl' auch später (man verzeih')
nicht zu den Lei-chen, sondern „ Lei"!
Ich frage mich deshalb: Warum
geht man mit „- chen" so sorglos um?
Ich habe mir in Deutschen Landen
ein Alpenveil-chen mal erstanden!
Das ist jetzt gut zehn Jahre her.
Da fällt es mir unendlich schwer,
(ich muß mich dessen fast entbrechen),
von einem Veil - chen noch zu sprechen,
denn dieser Stock ist schon ne Weile
ne müde, alte Alpen-Veile!
Auch frag' ich mich: Wie nennt man bloß
ein Frett-chen, ist es einmal groß?
Ich sah noch gar nie (jede Wette)
ne ausgewachs'ne, alte „ Frette".
Und wie ist es mit dem Schneewitt-chen
und außerdem mit einem Kitt-chen?
Schneewitt-chen wurde ja nie groß,
und starb jung an nem Apfel-Kloß...
Ein Kitt-chen bleibt auch immer klein...
doch: eines leuchtet mir nicht ein:
Ein Mann gewinnt in einem Städt - chen

ein unbeschreiblich süßes Mäd - chen,
doch später (und das find' ich schade)
entpuppt das Mäd-chen sich als ...Made!

Grabstoi en Schliersee

Heit' ('s hot zu rägna aa-gefanga)
send mir amool zom Friedhof ganga.
So mancher Grabstoi war zerfalla,
doch ist mir b'sonders aufgefalla:
auf fastgar jedem Monument
stand ei-graviert - am ondra End –
(wobei ii meinem Aug' kaum trau')
IHM FOLGTE DESSEN EHEFRAU
Drauf kommt der Name ond Beruf,
in dem der Gatte früher schuf.
Den scheensta... eine Gattin hat ihn:
Lohn-Kutscherei-Besitzers-Gattin!
Au diese Frau - so konnt' mr läsa –
ist offenbar recht „folgsam" g'wäsa.
Als ii dees han zur Kenntnis g'nomma,
do send mir fast die Träna komma
vor lauter Neid auf all die Gatta,
die solche Ehe-fraua hatta.
Jedoch mai Frau hot (ohne G'wissa)
mii aus de scheenste Träum' gerissa .
„Du leidest onder dem Bemieha,
do draus de falsche Schlüss' zu zieha.
Komm' endlich ronder von de Wolka!
Glaubst Du im Ernst, a Frau dät folga?"
„Ha jo!" (sag' ii) „Bist Du denn bleed!
Wo's doch uff jedem Grabstoi steht!"
Do hot mai „Gattin" herzlich g'lacht.
„Dia hend ihr'n Maa ens Grab gebracht!
Denn anders - führt se grinsend an -
folgt keine Frau dem Ehemann.."

Zeitkritisches

Staatsformen

Der Vorzug der Demokratie

Man lobt - mit großer Euphorie -
die Segnung der De-mo-kra-tie,
wo jeder selbstbewußte Mann
ganz unverhohlen sagen kann
d a s, was er denkt - uneingeschränkt -,
auch wenn er restlos garnichts denkt.

> P.S ..dabei sind - es ist weit gekommen -
> nur Ehemänner ausgenommen...

Vom Ursprung der Dummokratie

Als einst ein Sprichwort-Schreiber sprach:
„Der jeweils Klügere gibt nach!",
da brach - es ist ein wahrer Graus -
die Weltherrschaft der Dummheit aus.

Vorzug der Anarchie

Es loben die Demokratie
Politiker (und frag nicht: wie!).
Doch ziehe ich (ich armer Tor)
die Anarchie bei weitem vor...
natürlich nur - mit einem netten,
sehr klugen, tüchtigen, adretten,
gescheiten und charaktervollen,
und ehrlichen - kurz einem tollen -
gottgleichen (ich mach' keine Witze)
Anarchen oben an der Spitze...

> P.S. Ich hab' Gedanken mir gemacht
> und dabei gleich an mich gedacht..

Umwerfende Logik

Zitat: Arbeitslose müssen Kirchensteuer zahlen

Dortmund. Ein Kirchenaustritt bewahrt
Arbeitslose nicht vor dem Abzug der Kir-
chensteuer vom Arbeitslosengeld. Dies
entschied das Sozialgericht Dortmund.
(Az.: S 5 AL 264/Q1).
(Schwarz. Bote vom 6.8.2002)

Jetzt müssen gar auch Atheisten (!)
genauso wie die Kirchen-Christen
nach einem Urteil, nem fatalen,
ganz grundlos Kirchensteuer zahlen,
obwohl sie (das kann mich empören)
den Kirchen gar nicht angehören....

(dies könnt' noch angeh'n, denn -mit Glück -
gibt Petrus ihnen 's Geld zurück...)

Zitat: Kompost gilt als Biomüll

Berlin. Wer seine Bioabfälle selbst kompostiert, muss trotzdem Gebühren für die Biotonne bezahlen. Das hat das Bundesverwaltungsgericht entschieden... Das Bundesverwaltungsgericht war der Ansicht, dass niemand wissen könne, ob die Familie nicht eines Tages doch vom Komposthaufen zur Biotonne wechsle. (AZ: 11 C7/00).

(Schwarz. Bote, 11. September 2002 -)

Und noch ein weiteres Gericht
treibt mir die Wut ins Angesicht:
Sein Urteil ('s ist zum Haare-Raufen):
Hat jemand einen Kompost-Haufen,
wodurch er dann - mit großer Wonne -
verzichtet auf die „Bio-Tonne",
muß dennoch er Gebühr entrichten!
Befreit wird er davon mitnichten,
obwohl der Haushalt (das steht fest)
nie Bio-Müll entsorgen läßt!

Doch die Begründung ist noch „schlichter":
Denn so begründen es die Richter:
Es könnte irgendwann ja sein:
Es träte mal der „Casus" ein,
daß jener Mann die Lust verliert
und keinen Müll mehr kompostiert.

Jetzt hab' ich die Befürchtung nur:
Ein weiteres Gericht ist stur
(das fände ich ganz ungeheuer!)
und fordert von mir Hundesteuer!

Zwar habe ich noch keinen Hund
(das tu' ich hiermit offen kund).
Doch könnte das Gericht ja meinen:
Vielleicht kauft er sich doch mal einen...

Auch beim Ableben fällt Praxisgebühr an

Berlin. Bei der Gesundheitsreform tauchen immer neue Tücken auf: So gilt die Praxisgebühr von zehn Euro unter Umständen auch im Todesfall, wie die Kassenärztliche Bundesvereinigung (KBV) gestern in Berlin bestätigte. Die Praxisgebühr werde auch dann fällig, wenn Patienten während einer Notfallbehandlung sterben. (Pressemeldung)

Die Praxis - Gebühr

Seit neuem müssen nun die Kranken,
(was wir dem Kabinett verdanken),
wenn sie - auf Kosten ihrer Kassen -
beim Arzt sich untersuchen lassen
- der schwächelnden Gesundheit wegen -,
10 Euro Eintrittsgeld erlegen.
Nur so wird Hilferecht erworben.
Doch mancher ist - trotz Arzt - gestorben,
(vielleicht sogar auch wegen ihm)
(auch d e r Verdacht ist legitim!)
Gesetzt den Fall, 's ist eine Oma
verunglückt - und liegt nun im Koma -
und hat beim Arzt - infolgedessen -
das Geld zu zahlen glatt vergessen,
dann muß sie - trotz der Sterbequalen -
das Geld noch aus dem Jenseits zahlen.
So jedenfalls ist - ohne Frage -
die heutige Gesetzeslage.
Doch: Weigert sich die Oma weiter,
dann wird die Prozedur erst heiter:
Wer schon als Stern im Himmel strahlt
und nicht einmal als Engel zahlt,
der wird, wie das Gesetz uns sagt,
bis vor dem BGH verklagt.

Doch der Gerichtshof urteilt nicht.
Er delegiert ans „Jüngste G'richt".

Stilfragen

In Deutschland zählt der gute Stil
im Alltag - leider - nicht mehr viel.
Zur Oper geht man heut' - mitunter -
im Anorak und im Pullunder.
Es ist ein Zeichen jungen „spleens“:
Der Gala-Aufzug... sind „blue-jeans“.

Da sind Pinguine - ungelogen -
im Alltag besser angezogen.

Der feine Unterschied bei Rauchern

Ein Gentleman raucht meistens Pfeife
(was ich mir - dennoch - strikt verkneife).

Im Blick aufs Rauchen - allgemein -
fällt der Vergleich mir immer ein:

Zum Rauchen von den Zigaretten,
genügt bereits - drauf möcht' ich wetten -
ein Mundstück. Doch zum Pfeifenrauchen
pflegt man durchweg nen „K o p f“ zu brauchen...

Drum rauchen auch (zumeist in „Ketten“)
die jungen Leute Zigaretten...

Die Rechtschreibreform

Ich stand ja stets (ich seh' s auch ein)
im Ruf, ein „Hektiker" zu sein...
(wofür ich manchmal heut' noch büße!)
Doch immer sandt' ich „gute Grüüße".
Heut schreibt der DUDEN: Mayer müsse
versenden künftig ... „gute Grüsse"...!
Mit Deutsch stand ich auf „gutem Fuuß"...!
Heut' lebe ich - es ist abstrus -
(laut Orthographen-Schnell-Beschluß)
(auch wenn's nicht stimmt!): auf großem Fuss!
Indes: die „Neuerer" vergaßen:
Bisher trank ich den Wein in Maaßen...!
Um bloß nicht hinterherzuhinken,
werd' ich ihn nun in Massen trinken!

Pisa-Test 1

Es gilt - nach angegeb'nen Größen -
den Mathematik-Test zu lösen:

Ein Stein - genau 3 Kilo schwer -
fällt senkrecht - ohne Wiederkehr -
nem Mann auf seinen linken Fuß.
Es folgt, was darauf folgen muß:
Der Mann springt hoch - das tät ein jeder -
gequält von Schmerzen: einen Meter.

Wie hoch wär' dieser Mann gesprungen
(es handelt sich um einen jungen),
wär' ihm ein Klotz aufs Bein geflogen
und hätt' 12 Kilogramm gewogen ?

Pisa-Test 2

Ein Raucher - er ist nicht zu retten -
raucht täglich 60 Zigaretten.
Die Unvernunft, die rächt sich bald:
Er wird nur 40 Jahre alt.

Ein andrer will die Lungen retten
und raucht nur 40 Zigaretten.
Und deshalb klopft der „Sensenmann"
beim Raucher erst mit 80 an.

Nach der so dargelegten Lage
Ergibt sich diese Mathe-Frage:
1. Wann ist ein Raucher erst verbraucht,
    der 20 Zigaretten raucht ?
2. Wann gibt der Tod nem Mann den Rest,
    der 's Rauchen gänzlich bleiben läßt ?

Kein Meister fällt vom Himmel

Einst hörte man die Meister klagen,
wenn junge Leute mal versagen:
daß (unabhängig von dem Ziel)
kein Meister je vom Himmel fiel.

Doch heute ist man - unbestritten -
in dieser Hinsicht fortgeschritten:
Gibt sich ein Lehrling - heut' - die Ehre
und startet eine Handwerkslehre,
kann sich die Menschheit sicher sein,
daß dann - das gilt ganz allgemein -
der Meister, der auf Ordnung hält,
entsetzt aus allen Wolken fällt…

Geschichte - gestern und heute -

Geschichte ist ein weites Feld,
das manchem Schüler nicht gefällt.
Die Lehrer fragen allgemein:
Wer oder was bestimmt das Sein?

Seit wann gibt es denn - letztenends -
den echten Homo sapiens?
Der Lehrer sagt oft inhaltsschwer:
„Denkt nach: Wo kommen wir denn her?"

Doch ich - als Lehrer der Geschichte -
ne andre Frage an mich richte:
Wenn Mord an Mord - man mög' verzeihen -
sich täglich an einanderreihen,
wenn Medien die Dummheit preisen
und sich um Porno-Stärchen reißen,
wenn jeder kleine Musikant
sich aufführt außer Rand und Band
und tausend dumme junge Leute
als deren Rattenfänger-Beute
zu höllisch-lauten Dissonanzen
verzückt im Fußballstadion tanzen,

dann frage ich nicht - streng genommen -,
woher wir denn geschichtlich kommen...
Ich kann der Frag' mich nicht entzieh'n:
Wo kommen wir denn da noch hin...

Schwanen-Gesang...

Von Schwänen - heißt's - vor allen Dingen,
daß sie stets vor dem Sterben singen.

Bei Popstars wär' es eine Gnade
(und für die Welt durchaus nicht schade),
sie würden vor den Wettbewerben,
das heißt: noch vor dem Singen ...sterben!

Jugend von heute

Es ist schon schlimm mit uns'rer Jugend...
Kein Anstand, selten eine Tugend.
Doch ist es - ich sag's unverbrämt -
sehr herzlos, fastgar unverschämt,
(das gilt für Mädchen u n d für Knaben)
daß sie bei ihren Schulaufgaben
bei Referaten - und so Sachen -
die wir- tagtäglich - für sie machen,
(weil wir das für sie machen sollen)
uns einfach nicht mehr helfen wollen...

Höflichkeit und Anstand

Die Höflichkeit - so wie wir fanden -
kommt leider immer mehr abhanden.
So strecken heut' - in Seelenruh' -
die Menschen mir den Rücken zu.

Das durften früh'r - man darf mir's glauben -
nur „Bücher-Rücken" sich erlauben.

Autographen

Es ist ein Schmankerl in Vollendung:
„Planet des Wissens" - heißt die Sendung.
Ein Thema nannte sich „Archiv".
Da ging der „Fernseh-Frau" was schief:

Ein Archivar von hohen Graden
war zu der Sendung eingeladen.
Er stellte kundig sein Ressort
und Schätze seiner Sammlung vor,
die sein Archiv fürs Volk verwaltet
und die er attraktiv gestaltet.
Der Archivar hat - ausgedehnt -
die **Autographen** auch erwähnt.

Als dann der gute Archivar
erschöpft zum Schluß gekommen war,
hat sich die Frau ihm zugewendet,
ihm erst einmal Applaus gespendet
und ihn gefragt - etwas verschlafen - :
„Was machen denn die **Autografen?**"

Hätt' diese Dame mich gefragt,
hätt' ich ihr rundheraus gesagt:
„Die **Auto-Grafen** - wie seit Jahren -,
die pflegen nur Rolls-Royce zu fahren".

Philosophisches

■ Lucas Cranach d. Ä. (1472-1553),
Adam und Eva, um 1538,
Prag, Nationalgalerie // Artothek

Der Ur-Nabel...

Die Gabi ist nicht nur mißraten:
sie ist ein echter Satansbraten.
Sie will vor GOTT nicht einmal kuschen
und würd' ihm gern ins Handwerk pfuschen.
Sie will, anstatt ihm zu vertrauen,
ihm gar noch in die Karten schauen...
Von ihr wird Darwin sehr gepriesen.
Denn dieser habe nachgewiesen,
daß einst der Mensch (die Maid, der Knabe)
aus Tieren sich entwickelt habe.

Ich sprach, ich würd' ihr Bibelwissen
und Bibel-Kenntnisse vermissen:
Der erste Mensch sei einst gewesen
(das sei bei Moses nachzulesen)
der Adam und - gleich hinterher -
die Eva (das war folgenschwer!)

Die sei'n nicht Kinderchen von Affen:
Der Hergott selbst hab' sie erschaffen.
ER sei (ich frag': hast Du's vergessen?)
auf einer Wolkenbank gesessen
und habe einem Klumpen Lehm
(Beschaffung war IHM kein Problem)
- behutsam- über alle Maßen -
den „Menschen-Odem" eingeblasen.
Die Lehre sei zwar recht verstaubt,
doch selig sei, wer daran glaubt.

Die Gabi ließ sich's nicht verdrießen.
Sie hat mit Bildern nachgewiesen,
daß ihre Lehre richtig sei.
Sie sei fundiert und einwandfrei:

Auf allen Bildern alter Maler
(das sei ein Nachweis, ein zentraler)
sind Adam und die Eva immer
(er selbst sowie sein Frauenzimmer
als erste Menschen dieser Welt)
mit einem NABEL dargestellt.

Die Mutter - so erkennen wir -
war demnach schon ein Säugetier.

Nicht Gott hat sie aus Lehm geschaffen:
Die Menschen-Ahnen waren… Affen…

Das wahre Glück

Was hab' ich auf der Welt verloren?
Am besten wär' man nie geboren !
Doch - wem (so frag' ich alleweil)
wird dieses Glück denn schon zuteil?

Folgen des Neids

Die meisten Menschen - allgemein -
die können oft nicht glücklich sein,
weil sie (das ist nicht zu bestreiten)
die Nachbarn pausenlos beneiden
um Glück und der Fortuna Gaben,
die jene meistens auch nicht haben..

Platonische Weisheit

Es sprach - was ich phantastisch fand -
Herr Platon einst - in Griechenland:

Die Leute, die zu klug sich wähnen,
um sich nach Kanzlerschaft zu sehnen,
und die aus gutem Grund sich zieren,
politisch sich zu engagieren,
die trifft (wie alle andern „Schafe")
dafür die fürchterliche Strafe,
daß sie dann - wie die breiten Massen -
sich hinterher regieren lassen,
von Leuten, die - ne Ironie ? -
bedeutend dümmer sind als sie …

Im Rückschluß bilde ich mir ein,
im Sinne Platons „klug zu sein"…

Fazit - nach dem Tode

Des Lebens allergrößte Würze
die liegt im Zufall und der Kürze.

Destination des Menschen

Ich kann nur mit Tucholsky sprechen
(und mich des Beifalls nicht entbrechen):
Wir sind - (ein Grund zu ew'gem Fluchen) -
nicht auf der Welt, um auszusuchen.
Selbst, wenn man frei ist von Problemen,
lebt man nur, um vorliebzunehmen …

Das folgenlose Aufklärungszeitalter

Kaum hat Vernunft sich eingependelt,
da wurde sie schon ausgemendelt...
Voltaire hat nach Vernunft gestrebt,
doch hat er -scheint's - umsonst gelebt..

Das Leben - kritisch gesehen -

Der Tod an sich, daß ich nicht lache,
wär' - denk' ich - eine feine Sache,
würd' einem nicht den Spaß verderben
ein lebenslanges herbes Sterben…

Der Tod als Belohnung

Der Tod (das sag' ich mit Betonung),
der ist im Grunde die Belohnung
(vor allem, wenn er kommt - im Schlafe -)
für eine „lebenslange Strafe"...

Aphorismen - Lebensweisheiten

Zweideutiger Junggeselle...

Ein Junggeselle ist ein Mann,
der schmunzelnd von sich sagen kann
(und dies auch jedermann erzählt):
daß ihm „zum Glück" die Gattin fehlt.

Nostalgie

Nostalgiker, das sind die Leute,
die jammern, daß die Welt von heute
nicht mehr so ist (und das ist klar),
wie sie vor Zeiten auch nicht war.

Die sog. „entfernten Verwandten"

Seitdem man jenen „Apparat",
das Flugzeug ,einst erfunden hat,
sind die „entfernten Blutsverwandten",
die Neffen, Nichten, Onkels, Tanten,
(darüber bin ich mir im klaren)
auch nicht mehr das, was sie mal waren…

Optimist und Pessimist...

Ein Mann, der in die Breite geht
und, wenn er auf die Waage steht,
das Bauch-Einziehen nicht vergißt,
ist zweifellos ein Optimist...
Ein Katholik, (ein Protestant,)
der Trost in seiner Kirche fand,
der einerseits als Geizhals galt,
doch beiden Kirchen Steuern zahlt,
der ist vielleicht ein guter Christ,
doch zweifellos ein Pessimist...

Alzheimer

Gesetzt den Fall: ein alter Mann
lacht sich ne junge Puppe an...

Was nützt - am andern Tag - ihm d a s,
wenn die Adresse er vergaß....?

(nach einem Ausspruch von M. Reich-Ranicki)

Das Husten des Gehirns

Sammler- Leidenschaft

Es ist, worüber ich oft lache,
bei Männern eine alte Sache:
sie widmen sich - mit aller Kraft -
der Sammler-Wut und -leidenschaft.
Sie sammeln Spielzeug, alte Hüte,
und Eisenbahnen - meine Güte!
Sie sammeln Münzen, alte Steine,
nicht selten   Altertums-Gebeine
und alles nur zum Zeitvertreib!
Sie sammeln auch so manches Weib!
(wovon manch' einer - nicht gewitzt -
ne ganze Sammlung schon besitzt!)
Die „Zweit-Frau" (ich sag's nicht persönlich!)
ist heute nicht mehr ungewöhnlich.
Doch war bei manchem seine „Dritte"
ein Weib schon von der „Siebten Bitte". (vgl. Vaterunser)
Politiker sich zu der „Vierten"
(so wie man hört) auch schon verirrten…
Jedoch die Wähler bei der „Fünften"
nicht selten ihre Nase rümpften…

Es sollen diese Sammel - Knaben
von mir aus ihren „Harem" haben.

Doch frag' ich mich, warum die Frauen
zum „Männer-Sammeln" sich nicht trauen?
's gibt kaum ne Frau, die ein „Quintett"
das heißt: daß sie fünf Männer hätt'!
Erst heut' bin ich - ich sag's beklommen -
der Sache auf den Grund gekommen:
Wenn eine Frau (zu ihrem Frommen?)
fünf Männer hätt' zum „Mann genommen",
dann hätte sie ('s ist nicht zu sagen)
fünf Schwiegermütter zu ertragen.

Das Kamel und das Nadel-Öhr

Schon in der Bibel gibt's Probleme:
Als Beispiel ich die Stelle nehme,
an der (auch wenn sie gar nicht wollen)
Kamele durch ein Öhr geh'n sollen.
Selbst ein sehr christlicher Dompteur
kriegt kein Kamel durchs Nadel - Öhr.
Das aber sei die große Frage
seit damals bis in uns're Tage.

Da frage ich mich ganz naiv
zu allererst nach dem Motiv:

Die Frage läßt mich nicht mehr ruh'n:
Warum soll denn das Tier das tun?

Froh zu sein bedarf es wenig…

Zum Fröhlichsein, heißt's, braucht man wenig,
und der, der froh ist, sei ein König.

Ich hab' mich keineswegs geziert
und meinen Frohsinn ausprobiert,
um, wenn's noch möglich ist, auf Erden
ein König (Majestät !) zu werden.

Das „Mittel" (ich sag's nur verzagt)
hat bei mir (offenbar) versagt.

Morgenstund' hat Gold im Mund

Man lehrte mich, die Morgenstund',
die habe meistens Gold im Mund.

Ich hab' bei allen Morgenstunden
noch niemals einen Mund gefunden.
Ich fand heraus, ich armer Sünder:
Die „Stunden" haben keine Münder.

Und drum (das Glück war mir nie hold)
fand ich darin auch nie ein Gold.

Der Spruch wird (denn er stimmt nur selten)
wohl nur für einen Zahnarzt gelten.

Tierquälerei

Ein Sprichwort kann - genau besehen -
ich - nach wie vor - halt nicht verstehen:

O, quäle - denn es fühlt den Schmerz -
auf keinen Fall ein Tier zum Scherz.

Kann irgendjemand mir erzählen:
Wieso soll - ohne Scherz - ich's quälen?

Für Jugendliche ungeeignet

Fastnachts-Beichte....

Noch hat man Fastnachts-Hits gesungen.
Das „Fest" war noch nicht ausgeklungen,
noch herrschte überall das Seichte...
Da kam ein Mann bereits zur Beichte.
Er hat die Sünden aufgezählt,
beflissen, dass ihm keine fehlt.
Die Buße hat er angenommen
(sie ist ihm gnädig vorgekommen).
Schon will er sich zum Gehen wenden,
um seine Beichte zu beenden,
da kommt ihm plötzlich eine Frage
betreffend seine Fastentage.

„Hochwürden ! Darf ich's kurz noch wagen,
in punkto Sex Sie zu befragen ?
Ist es erlaubt, insonderheit
in fromm-verstand'ner Fastenzeit,
wenn alle Lüste darben müssen
(ich sprech' von leiblichen Genüssen)
in diesen Wochen, diesen trüben
nen frommen Beischlaf auszuüben?"

Der Pfarrer spricht: „Mein lieber Sohn!
Den Sex erlaube ich Dir schon,
jedoch (und merk' Dir das genau)
nen Sex nur mit der eig'nen Frau.
Denn Sex soll schließlich allgemein
wie's Fasten ja auch B u ß e sein,
und nicht (das wäre ja zum Lachen)
vermutlich Dir gar Freude machen...."

Giftschrank

Der Geist ist willig...

Der Herrgott (laut Matthäus) irrt sich
(-Vers: Sechs-und-zwanzig-/ ein-und-vierzich-):
Der Satz, er klingt zunächst recht billig:
Der Geist (so heißt es dort) ist willig,
jedoch (es klingt fast schon wie Schmach):
das Fleisch sei wieder einmal schwach.

Der Spruch ist aller Ehren wert.
Doch ist's in Wahrheit umgekehrt:

Das steht in **meiner** Offenbarung:
Es lehrt die heutige Erfahrung:
Die Mädchen werden billiger...
Das Fleisch wird immer williger,
jedoch: Man sieht's millionenfach:
Der Geist ist unbeschreiblich schwach.

Teuer bezahlt...

So mancher flotte Bräutigam,
der sich zur Frau ne „Schönheit" nahm,
bezahlte für die „Super-Schöne"
mit Nachhilfstunden für die Söhne.

Schönheitskult -Schönheitswahn...

Ne Frau - das gilt ganz allgemein -
hat - wie man hört - nur schön zu sein.
Wenn heute sich ein Prinz entschließt
und eine Frau zur Braut erkiest,
dann schreiben restlos alle Blätter:
„Hübsch ist das Mädchen! Donnerwetter!"
und selbst das Fernseh'n jubelt laut:
„Ei, ist sie hübsch, die junge Braut!"

Der Schönheitskult - Du meine Güte -
gelangte jüngst zur höchsten Blüte:
Das ging schon los - es freute jeden -
bei „uns'rer" Königin von Schweden.
Durch Interviews sind - streng genommen -
bei manchem Zweifel aufgekommen:
Ob denn das schöne Angesicht
dem geistigen Format entspricht?

Diana, längst hinweggerafft,
hat keinen Schulabschluß geschafft,
doch ist sie - man konnt's üb'rall lesen -
so unbeschreiblich „schön gewesen".

Als es zur „schönsten Hochzeit" kam,
und Hakon Mette-Marit nahm,
da war die Menschheit aus dem Häus-chen:
„Ei, ist es süß, das kleine Mäus-chen".
Und keinem fiel der Lebenslauf
des „zucker-süßen Mäus-chens" auf...
Erst als Reporter dann vor Ort
die Wahrheit fanden...und so fort...
die Jahre in der Fixer-Szene...
das „sünd'ge" Söhnchen - notabene -,
da zeigte sich die Welt schockiert...
Doch niemand hat sie kritisiert...!
Anstatt sie zu vermaledeien,
gab es das „christliche Verzeihen"...

Im Lauf der jüngsten Hochzeitswelle
nahm sich der schönste Junggeselle,
Felipe, eine *schöne* Braut.
Die fand er, weil er Fernseh'n schaut.
Früh'r hätt' ein Prinz die Frau gemieden,
denn dieses „Püppchen" ist ... geschieden.
In Spanien: - Geschieden-sein-...
das mag die Kirche gar nicht! Nein!
In erster Ehe hat die Braut
nur standesamtlich sich „getraut",
weshalb die Kirche, weil's beliebt,
dem Paar halt ihren Segen gibt.

Es sollen alle diese Knaben
meinthalben ihre „Puppe" haben...

Da möchte ich nur eines wissen
(ich zähl' das zu den Ärgernissen):
Warum muß mich das Fernseh'n quälen
und muß - auf **sämtlichen** Kanälen -
nur Bilder von dem Hochzeitsreigen
vom Ausland - **hier in Deutschland** - zeigen?
Was ich halt nicht verstehen kann:
Was geht uns das in Deutschland an...

Ich wünsch' nur jedem dieser Prinzen
(ganz ohne Häme - ohne Grinsen),
daß (wenn er nach der Hochzeitsnacht
mit seiner **schönen** Braut erwacht)
er bei der Frau, wenn er dann aufsteht,
auch „drin" entdeckt, was „außen draufsteht".

...zurückgeblieben....

Wenn sich die U-Bahn-Türen schließen,
dann fordern Schaffner ('s ist erwiesen)
von Kunden, statt sie anzutreiben:
„Ich bitte Sie, zurück - zu- bleiben!"

Gemeint ist dieser Aufruf örtlich!
Die Menschheit nahm ihn - geistig - wörtlich!

Ein Tip für Weihnachtsgeschenke

Hört! Man soll bei den Geschenken
auch an seine Nachbarn denken!

Schenkt Trompeten Euern Knaben,
daß die Nachbarn auch was haben!

Was zum freien Eintritt in die Hölle berechtigt

Tragik

Wenn - allgemein und überhaupt
ein Mensch ein Leben lang nichts glaubt,
ist's tragisch, wenn er dann - zum Schluß -
- wie Gläubige - „dran glauben muß"....

Christlichkeit - nach Albert Schweitzer -

Weil ungezählte fromme Christen
ihr religiöses Leben fristen,
indem sie in die Kirche laufen,
um ihre Seele freizukaufen,
sprach Albert Schweitzer schon vor Jahren
im Blick auf solches Christ-Gebaren:

Wenn jemand glaubt, er sei ein Christ,
nur weil er oft in Kirchen ist,
müßt' folglich er dann gleichfalls denken
und seiner Logik Glauben schenken,
daß, wenn er sich, - wenn 's ihm gefällt -,
recht brav   in die Garage stellt,
er ganz bestimmt und zweifelsfrei
(wie Schweitzer sagt) ein **Auto** sei.

Schüttelreime

Menschheitsleiden

Statistik sagt: Es leiden M a s s e n.
D a s sollte sich vermeiden lassen.

Reise-Sucht

Den einen packt die Reise-Wut,
jedoch in sich der Weise ruht.

Mann und Frau

Erfahrene in Trauerfragen
meist auch die eig'ne Frau ertragen.

Die Gabi schrieb dies feine Wort.
Ich schrieb es nur beim Weine fort...:

Ehrlichkeit

Die Menschen, die als Masse heucheln,
die Wahrheit (was ich hasse) meucheln.

Die off'ne Worte sagen wollen,
dies besser meist nicht wagen sollen.

Literatur

Bücher

Dem Freund ich gern in seine Hände
ein Buchgeschenk von Heine sende.

Leseratte

Fürs Lesen in der Hängematte
der Bücher er ne Menge hatte.

Neid

Es höhnen diese Wichter dort
-aus Schwachsinn- übers Dichterwort.

„Dichter-Kollegen"

Das Wachsein meiner Lider wich.
Der Grund: er reimte widerlich.

Literarische Genüsse

Ein literarisch guter Meister
trägt bei -oft - zu dem Mut der Geister.

Sportliches

Champions

Bei dem Verein der Segelflieger
wird öfters mal ein Flegel Sieger.

Jet-set-people

Es spottet längst ein Spasser-Wort
vom Sex an Deck beim Wassersport.

Segeljacht-Besitzer

Wir lieben Sekt und Wind sehr.
Denn sicher ist: **Wir SIND wer.**

Strandvergnügen

Die Männer sich (der Leiber wegen)
zu Gruppen nackter Weiber legen. (pardon).

Kinder - vorwiegend Mädchen-...

Blondinen

Wenn ich das Haar mir bleichen laß,
wird Papi sicher leichen-blaß.

Seidene Blusen....

Die Mädchen nehmen Wunderdrogen,
damit die Brüste drunter wogen.

Traurig

Ein Mädchen, das es ehrlich meinen kann,
kriegt heutzutage keinen Mann.

Hochzeit

Kein Auge bleibt vor Liebe trocken,
da oftmals halt die Triebe locken.

Ukas

Der König sprach: „ In meinen Städtchen
bewirft man nicht mit Steinen... Mädchen."

De mulieribus - über die Frauen

Eitelkeit

Wer Silikon pumpt - in die Büstendrüsen -
wird seinen Busen, seinen tristen, büßen.

Die Treue einer Frau

Der Seitensprung war dem Gemahl
(selbst untreu) insgeheim egal.

Takt

Nie zeigte sich die Tante nackt.
Das nannt' die Gouvernante Takt.

Brautschau

Die schönsten Mädchen beißen an
mit Vorzug.... in der Eisenbahn.

Zänkische Weiber

Die Frauen, die zum Zerfen neigen,
im Ehe-kampf meist Nerven zeigen.

Menschen unter uns

Alte Leute

Im Alter sind die Leisen groß.
Das ist nun mal das Greisen-Los.

Syrakus

Der Archimed' im feinen Sand
den Lehrsatz einst (den seinen) fand.

Ratschlag für Trauernde

Menschen, die in Trauer sinken,
sollten ein Schorle (sauer) trinken.

Winzer

Die Pfälzer Winzer schaffen Wein:
Für den braucht man nen Waffenschein.

Ewig Gestrige...

Die immer noch im „Gestern" leben,
oft Grund zu bösem Lästern geben.

Fettsucht als Krankheit

Es muß, wer dick ist, (nicht wer mager) leiden.
Die Dünnen können länger 's Krankenlager meiden.

Trauriges Menschenschicksal

Es können Menschen, die das Leben hassen,
den Daseins-Fehler nicht beheben lassen.

Befindlichkeiten ...

Großzügig

Mein Opa einen Lendenspieß
zum Tod der Oma spenden ließ.

Wetterfühligkeit des Opas

Schmerzen an der Wunde hätt' er
vor allem bei dem Hunde-Wetter.

Gesundheit

Ein Mann hat wegen miesen Nüssen
fortwährend kräftig nießen müssen.

Handwerker

Pflästerer

Die Pfläst'rer ganztags Pflaster legen
und abends ihre Laster pflegen.

Maler-Lehrlinge

Wer klug beherrscht die Kleistermasse
rückt auf bald - in die Meisterklasse -.

Kunterbuntes

Zweifelhaftes Vergnügen

Sieht beim Ballett man die Bein-Schar,
ist das Vergnügen nur scheinbar.

Der Reiche

Er fuhr zur Bank im Leiterwagen,
wo Scheine und so weiter lagen..

Rettung beim Schiffbruch

Passagiere, die nicht sinken wollen,
versteh'n nicht, warum sie winken sollen.

Sammelsurium

Heuschnupfen-Allergiker

Da fliegen ja - um Gottes Willen - Pollen!
Das ist der Grund, warum wir Pillen wollen.

Wadenkrämpfe

Den Krampf in meiner Wade banne
ich meist in meiner Badewanne...

Folgen der Klimakatastrophe

Oft nach dem Sturm ein Regen-Hut
hoch oben in Gehegen ruht.

Weihnachten

Selbst Menschen mit nem kalten Herzen
sind christtags weich und halten Kerzen.

Zug-Vögel

Die Mücken landen in der Meisen Rachen,
wenn diese südlich ihre Reise machen.

Das Rentner-Lied

Ein Schmerz in meinen Lenden riet,
zu widmen mich dem Rentenlied.
Verrauscht ist jeder Mai-nachts-wahn
und Glaube an den Weih-nachts-mann.
Ich werde nun mein Schaffen enden,
die Freiheit mit nem „ Affen" schänden....
Ich werd' dann öfters in der Sonne weilen
und in den Bergen auch mit Wonne „seilen"...
Ich werd' mit einer Lust, ner geilen, starten,
zu pflegen meinen steilen Garten!
Da muß ich mich oft runterbücken.
Bald plagt mich dann ein „bunter Rücken"...
Wenn ich -mit Lust - den Spaten rühre,
den Ischias ich in Raten spüre...
Ich unterdrück' mit frohem Sange Launen
und flüchte mich in lange Saunen...
Man wird mich öfters gammeln seh'n.
Ich werde Pilze sammeln geh'n.
Die Ganglienzellen schmoren aus
bei negativem Ohrenschmaus...
Ich koche Schmankerln mit der „Opa-Kelle",
bemale den Gewölbekeller als Ka-pelle..
Ideen, die als Hirngespin-ste galten:
Ich hau' aus Kalk-gestein mir Kunst-Gestalten.
Ich will den Magen lecker baden,
drum geh' ich früh zum Bäckerladen.
Ich geh zu Fuß zum Schuster Müller
und halt nen Schwatz mit einem Musterschüler.
Ich werd' nur noch zum Spaß Geschichte treiben
und ohne Druck Gedichte schreiben.
Ich leid' zwar noch an einer Darmgeschichte,
drum schreibt ne Freundin mir mit Charme Gedichte.
Es stört mich nur der fehle Ton
vom widerlichen Telefon.
Ich werd' mich nicht in Briefe tauchen,
die eine große Tiefe brauchen.

Ich geh' aufs Land zu Geißen, Rehen...
und werde oft auf Reisen gehen.
Wenn dann der „Daimler" leise rußt,
erwacht in mir die Reiselust...
Ich fahr' (trotz wehem Backenzahn)
zum Gipfel mit der „Zackenbahn"...
Obwohl es nach „Far-niente" riecht,
reicht sicher mir die Rente nicht...
Wenn's Haushaltsgeld bei Frauen klemmt,
geh'n sie halt mal zum „Klauen" fremd!
Wer so ein Haus an solcher Stelle hat,
schaut gern hinab auf unsre helle Stadt.
Ich werd' im Garten mir ne Dichterhütte bauen
und auf den „Butz" (wie in ner Mainzer „Bütte") hauen.
Ich werd' mich oft beschenken dürfen
und ab und zu im Denken schürfen.
Im Grunde bin ich bei genauer Sicht
auf meinen Renten-Status sauer nicht.
Ich such' auf abgelegnen Pfädchen Reife,
wobei ich auf „Behörden-Rädchen" pfeife...
Weil ich auf Schule,Schreibzeug, Schere höhne,
seh' ich fortan nur noch das hehre Schöne.
Artikel über Schulen lesen meine greisen Linsen
hinfort nur noch mit einem leisen Grinsen.
„Besucht uns!" sage ich im Winter allen;
im Lenz bin hier ich nur in Intervallen.
Ich hoff: 's besucht uns mancher feiste Gast,
der meine Seligkeit im Geiste faßt.
Ich freu' mich über viele frohe Leute:
sie bringen mich in lichterlohe Freude.
Mitnichten gibt's ab morgen Sachen,
die fürderhin mir Sorgen machen.
Nie mehr gibt's Mayern eilig habend.
Denn künftig hat er täglich „Heilig-Abend"...
Bin endlich ich dem Sein gewonnen,
werd' sicher ich dem Wein gesonnen.
Dann sitz' ich wie Lord Nelson fest
auf meinem hohen Felsen-Nest.
Die Muße sich hier finden läßt,

nach einem schönen, linden Fest..
Den Abschied nehme ich nach „mieser Feier"...!
Es grüßt -als „Rentner" - Sie .....Ihr fieser Mayer

Glückwünsche

Zu Weihnachten

Mein Wunsch: Daß Zeus zur Sonnen-Wende
Dir jede Menge Wonnen sende!

Zum neuen Jahr

Die Menschenkinder hassen Leid.
Drum wünsche ich: Gelassenheit.

Papierkorb-Freigänger

Eine Damen- (und Herren-)Rede...

Bei Klassentreffen - allgemein -,
bei jedem besseren Verein
(und das trifft zu auf wirklich: jeden)
hält man bekanntlich Damenreden.
Da wird aus jeglicher Xantippe
(geformt aus maskuliner Rippe),
aus jedem grauenhaften Besen
ein engelgleiches Götterwesen!
Es wird aus einem schlimmen Drachen
ein Gott-Geschöpf - es ist zum Lachen! -,
das den Bezug (ich hör' Protest)
zur Wirklichkeit vermissen läßt.
Man schüttet Schmeichel - froh und munter -
auf diese Damenwelt hinunter!
Den Damen, die beschämt frohlocken,
bleibt garantiert kein Auge trocken.
Sie sind geschmeichelt und gerührt
und in das Paradies entführt.
Das will (wie in den letzten Jahren)
ich uns'ren Damen heut' ersparen!
Ich halte keine Damenrede
und sag' nur: göttlich ist hier jede!
Ich will ein Kompliment nur spenden
(und damit hab's dann sein Bewenden):
Ich möchte gänzlich ohne Zieren
den Kameraden gratulieren:
Ihr - alle - hier habt - streng genommen -
die beste Ehefrau bekommen.
Der Kishon sagt zwar unentwegt,
die seine, die er hegt und pflegt,
sei (so erzählt er im Vertrauen)
„die beste aller Ehefrauen"...
... die Beste wohl, so mag's ihm scheinen,
doch nur die „Beste von den Seinen"...

Denn Kishon hatte, wie ich meine,
so manche Gattin, nicht nur eine!
Doch SIE sind - das muß ich gestehen -
die Besten - absolut gesehen !
So viel nur zu den netten Damen,
die heute hier zusammenkamen.

Nun aber will ich - ganz gelassen -
mich auch mal mit dem **Mann** befassen:

Der Mann (ich sag's mit Augenmerk)
ist zweifellos ein Meisterwerk,
solang er - standhaft - unbeirrt -
von EVAs nicht verdorben wird!
Auf Einzelheiten - streng genommen -
werd' später ich zu sprechen kommen.

Der Mann ist ehrlich und (das weiß ich)
unendlich treu, vor allem: fleißich!
Er hat sich jeden Tag zu ducken
und er vermeidet aufzumucken
und geht (wie ich zu glauben pflege)
den Streitigkeiten aus dem Wege,
sofern er nicht „gefährdet" wird,
indem ihn eine Frau umgirrt
und ihn umgarnt,verführt,belügt,
und in der Ehe dann betrügt.

Denn schon die alten Ur-Germanen
(mit andern Worten: uns're Ahnen)
die pflegten nur davon zu sprechen,
dass Frauen - (F r a u e n (!!)) ehe-brechen.

Der Tacitus - was **das** betrifft -
erwähnte schon in seiner Schrift
GERMANIA Heft neun-zehn - klar -
wie das bei den Germanen war:
Man senkt' die Frauen ('s kam oft vor)
in Friesland kurzerhand ins Moor

verschnürt, gefesselt und gebunden!
Sie werden heut ' noch dort gefunden!
Jedoch (und darauf kommt es an):
man fand dort nie nen Ehemann,
der heimlich, treulos - allgemach -
die höllen-gleiche Ehe brach.
Der Mann ist daher - zweifelsohne -
der Schöpfung allerschönste Krone.
So könnte ich - Ihr werdet lachen-
noch stundenlang hier weitermachen.
Nur Eines sag' ich kategorisch
(es ist erwiesen gar - historisch !):

Wenn EVA (und ich halt' die Wette)
es nicht nach Obst gelüstet hätte,
dann wäre - statt im Eh'verließ -
der Mann noch heut' im Paradies.
Uns Männern (wenn man es vergleicht)
uns hätte auch ein Bier gereicht …

Nun: Gott war leider ungerecht
in puncto männlichem Geschlecht:
ER mußte zwar die EVA „schassen".
Das konnt' ER sich nicht bieten lassen.
Dem **Adam** braucht' ER nicht zu grollen:
Den hätt' ER drinnen lassen sollen.
Der Adam war ja gar nicht schuldig;
er war gehorsam und geduldig
wie jeder arme Ehemann
(was ich von mir versichern kann).

Ich hätte (man darf 's nicht vergessen)
vermutlich auch kein Obst gegessen!
Warum (das möchte ich gern wissen)
hat man u n s mit - hinausgeschmissen?
Wie schön wär's heut' im Paradies
für Männer (so wie wir: … Genies…)
mit hübschen Mädchen, tollen Bienen,
(so zuckrig süß, wie Apfelsinen),

die uns umschmeicheln, uns hofieren,
anstatt uns nur zu drangsalieren...
Die Zuckerpuppen - damals schon -
die pflegten alles Obst, mit Hohn,
das eine gottverdammte Schlange
(und sei's mit lieblichem Gesange)
versuchte, ihnen anzudrehen,
fromm und entrüstet zu verschmähen.
Doch diese Kätzchen, diese lieben,
sind halt im Paradies geblieben...
Drum gibt's für uns hier kein Entrinnen
vor EVAs bösen Enkelinnen!

Wir sind umzingelt von Emanzen
die uns längst auf der Nase tanzen,
wie's Eva mit dem Adam machte
und dabei auch noch zynisch lachte.
(Emanzen kehren - 's ist ein Glück -
nie mehr ins Paradies zurück:
Drum: Angst braucht MANN nicht auszustehen:
„MANN" wird sie dort nie wiedersehen.)

Das Thema hab' ich nur gestreift.
Doch bin ich leider abgeschweift..

Ich möchte nochmals - ohne Zieren -
den Göttergatten gratulieren:
Ihr alle hier habt - streng genommen -
ne tolle Frau zur Frau bekommen.
Ich kann mich ganz genau besinnen:
Die sind nicht EVAs Enkelinnen.
So was wie SIE, so Göttergaben,
sind keine hier am Markt zu haben.
Nicht einmal in geringen Quoten
wird so was heut' noch angeboten.
Die habt Ihr sicher - ungelogen -
auf Gottes Schwarzem Markt bezogen,
nicht auf dem „Alice - Schwarzer- Markt"
(denn dort bekommt man Herzinfarkt).

Und noch was: Ich find's int'ressant,
wie einst der erste Mensch entstand:
Der Liebe Gott hat ganz gewitzt
zuerst einmal den **Mann** geschnitzt,
um mit dem Adam, diesem Knaben,
zunächst mal ein Modell zu haben,
um (ohne dieses zu verwässern)
es hinterher noch zu verbessern.
Denn Gott sind - 's war zum Haare-raufen -
beim Mann viel Fehler unterlaufen.
Die galt es nun (beim Rippenschneiden)
bei seiner EVA zu vermeiden.

Die Frau ist zwar nicht or'ginell
doch das verbesserte Modell.
Drum ist sie - was ich nie vergesse -
auch besser ...in der Raffinesse!
Wir Männer wären nicht so mies
und alle noch im Paradies,
wenn Frauen, Freunde, glaubt es mir,
so prächtig wären - so wie wir!

Jetzt fürchte ich - 's wär' nicht zu fassen -,
daß uns're Damen uns verlassen!
Doch daran kann uns ja nicht liegen!
Drum möchte ich die „ Kurve" kriegen,
um lauthals (man wird's lang noch hören)
aus Überzeugung zu beschwören
und äußerst glaubhaft zu bekunden:
Das alles war nur frei erfunden!
Ich könnt' mich sonst (um's kurz zu fassen)
zu Hause nicht mehr blicken lassen...
Drum sag' ich (meiner Sinne mächtig):
Die MÄNNER sind nicht ganz so prächtig,
wie ich sie hier als alter Schwabe
in rosarot gezeichnet habe,
jedoch (ich sag' es im Vertrauen)
noch weitaus besser als die Frauen,
die als Emanzen sich ereifern

und als Ministerinnen geifern.

Ich kann natürlich so nicht schließen
(ich mag es nicht, wenn Tränen fließen!)
ganz ohne Loblied auf die Frauen,
auf die wir Männer so gern bauen.

Ich brauche Sie nur anzusehen:
dann kann den Gott ich nicht verstehen,
daß er die Damen hier, die lieben,
hat aus dem Paradies vertrieben
ganz ohne Anlaß ohne Grund.
Allein die EVA(!) trieb es bunt.
In'n Himmel werden Sie gelangen.
Ich werd' Sie freudig dort empfangen
und mich mit Petrus auf Sie freuen
und dabei keine Kosten scheuen.
Er sagt, er gebe allen Schätzchen
- wie Ihnen hier - ein Fensterplätzchen!
(denn Neugier -das weiß er genau -
 sei stets das Privileg der Frau!)

Drum will zu Protokoll ich geben:
Hoch sollen uns're Damen leben.
Ich wünsche gutes Wohlergehen
und freu' mich auf ein Wiedersehen.

..und das - ich will nicht zynisch werden -
sowohl im Himmel wie auf Erden…

Die Bukowinensische Rose

Es war einmal ein Rosenstrauch,
der blühte fleißig, wie's der Brauch.
Er war vergnügt bis in die Blüten.
Man pflegte ihn wohl zu behüten.
Man hat ihn liebevoll begossen,
das hat er sichtlich auch genossen.
Die Bukowina war sein Stand.
Sie war ein gutes Heimatland.

Doch plötzlich - er war nicht entzückt -
sind Russenkrieger angerückt.
So mußte (er hat's nie verziehen)
auch sein Besitzer schleunigst fliehen.
Doch nahm -nach Gottes Fingerzeig -
er schnell noch einen Rosenzweig.
Den packte er in sein Gepäck
zu einem wirklich guten Zweck.
Doch konnt' man ihn, sowie sein Frauchen -
in Deutschland damals halt nicht brauchen.
Da lag denn der Gedanke nah:
Wir gehen nach Amerika.

Der Rosen-Strauch war keine Last.
Der hat dort recht schnell Fuß gefaßt.
Das Heimweh ist ihm bald zerronnen:
Er hat zu blühen gleich begonnen.
Und eines Tags besucht' die Tante
in Deutschland ihre Blutsverwandte.
Sie brachte ihr im Flug-Transit
ne Bukowina-Rose mit.
Dadurch kam in die Pfalz die Rose,
die bisher leider heimatlose.

So wartete die Elsa Schulz
aufs Frühjahr - mit erhöhtem Puls.
Das Frühjahr kam - die Rose blühte
und duftete - Du meine Güte.

Frau Schulz hat von den Rosen-Reben
der Freundin einen Zweig gegeben.
Die Freundin (was ich nicht verhehle)
ist Schwäbin und heißt Gabriele.

Seither gibt es - durch Pfälzer Gnade -
bei Mayers ... R o s e n - M a r m e l a d e.

Beipack-zettel für das Gelée

Kein „Übel-von-der-siebten-Bitt'"... (vgl. Vater-unser)
- im Gegenteil: ein Schmankerl- Hit,
ein „Novum" unterm Himmelszelt,
ein Balsam, einzig auf der Welt,
für Magen, Herz und auch die Seele
ist das „GELEE VON GABRIELE".
Auf Erden ist es - streng genommen -
bis heute noch nie vorgekommen,
denn nirgends war's bisher der Brauch,
die Blüten von dem Rosenstrauch
zu ernten und zu extrahieren,
die Staubgefäße zu candieren
und über Nacht sie anzusetzen
(nach eigenen Geheimgesetzen).
Den Blüten fehlt das „Frucht-Fleisch" -ganz:
Man findet keinerlei „Substanz".
Daß es da wenig Masse gibt,
wenn man die Blütenblätter „siebt",
ist - eo ipso - selbstverständlich.
Doch der Erfolg wird erst erkenntlich,
wenn man - mit Sinn und Wohlbedacht -
die Probe aufs Exempel macht:
's Produkt der „Drei-Millionen Blüten"
hilft stets, ne Krankheit zu verhüten:
Das Rosen-Gelée Gabriele
verhindert, was ich nicht verhehle,
Migräne, Grippe, Haar-Ausfall
und schlimmen Tod auf jeden Fall.

Und es verscheucht die Allergien
(sofern sie nicht zu weit gediehen!..).
Und es verjagt die bösen Träume,
hält schnaken-frei die Schlummer-Räume.
Es hilft oft auch beim Grauen Star,
bei Hustenreiz und Brandgefahr.
Es lindert Hexenschuß im Rücken
und es befreit von Magendrücken.
Es wirkt bei böser Atemnot
und -wie man hört- selbst nach dem Tod.
Es hilft auch bei verhängnisvollen
und teueren Radar-Kontrollen.
Den Schmerz beim Zahnarzt hilft es lindern
und schützt vor ungewollten Kindern (ohne Gewähr).
Nur eins (und damit will ich enden):
Als Kleister sollt' man's nicht verwenden...
Denn dann wird schrecklich bös' - mitunter -
das „Rosen - Marmeladen-Wunder".

Rezept: 1 Gewichtsteil Rosenblütenblätter - 2 Gewichtsteile Wasser und Zitronensaft - 3 Gewichtsteile Gelierzucker(oder etwas mehr) - 8 Minuten lang einkochen. Fertig.

Feriengrüße

An den bayrischen Gestaden
können wir die Waden baden,
denn das kann - bei Gott - nicht schaden.
...und die"Kids", die rabiaten,
schrei'n im Schokoladen-Laden
wegen Eis-Creme, dieser faden.
Draußen spielen die Soldaten
bei den Blechmusik-Paraden
's Lied vom „Alten Kameraden"
(alles noch von Kaisers-Gnaden).
Überm See: die Hitze-Schwaden
schlauchen mich,den Herz-maladen.
Trotz der Haut-Cremes, der probaten
(selbst von bess'ren Fabrikaten
und drum teu'ren Präparaten)
fehlt's an guten Resultaten:
's kommt zu Sonnen-Attentaten,
denn: d i e schießt wie mit Granaten.
Abends (fast bei Minus-Graden)
unter funkelnden Plejaden
schleich' ich auf den Almen-Pfaden,
öffentlichen und privaten...
Kühe hinterlassen Fladen
(besser wäre: Gold-Dukaten!),
ohne daß wir darum baten.
Man kann leicht hineingeraten.
Manche in die „Dinger" traten.
's fehlt an Schutz halt, der Penaten,
die sich mir noch niemals nahten!
Ich hab' „OBEN" keine Paten
(man kann ihrer sich entraten)!
Dreimal darf jetzt jeder raten,
warum Götter dies nie taten.
's gibt scheint's - selbst in Gottesstaaten -
über mich recht falsche Daten.
(Mancher riecht jetzt schon den Braten..)
O! Die Verse sind mißraten!
Mayer grüßt - rot wie Tomaten!

Geburtstagsglückwünsche

Die ganze Welt - man glaubt es kaum -
schlägt heute einen Purzelbaum
und stößt in bester Festtags -Laune
zum Jubelfest in die Posaune!
Was wünscht man dem Geburtstagskind?
Nur Tage, die phantastisch sind!
Wir haben Wünsche... noch und nöcher
fürs neue Lebensjahr im Köcher:
Das neue Jahr - ich sag's pauschal -
sei unbeschreiblich optimal!
Gesundheit steh' an erster Stelle
in uns'rer Segenswunschtabelle!
Die Sonne mög' - das will ich meinen -
tagtäglich durch das Fenster scheinen!
Doch eines darf ich nicht verschweigen:
Es findet sich im Glückwunsch-Reigen
die allerhöchste Prominenz
und sie erweist die Reverenz:
Der Papst, das soll ich hier verkünden,
erläßt dem Jubilar die Sünden.
Die Queen geruht - vor allen Dingen -
sich heut' ein Lächeln abzuringen...
Der Bundeskanzler läßt beteuern:
er wolle heute keine Steuern...
Worauf auch ich mit Lust verfüge
(es ist die Wahrheit - keine Lüge!):
Es bleib' fortan der Jubilar
so prächtig, wie er bisher war!
Daß es ihm an rein gar nichts fehle
wünscht D.W.M. mit Gabriele

Die Jahrtausend-Wende

oder: Die Sonnenuhr

An Neujahr sei - wie ich erfuhr -
die saeculare Zeit-Caesur.
Drum malt' ich auf die Stukkatur
mit Liebe eine Sonnenuhr
(von Kunst ist freilich keine Spur).
Sie geht genau! Da ist sie stur!
(doch:..nicht,wenn's draußen ist obskur)
Sie braucht nie eine Rep'ratur
und selten eine Korrektur
und ist verläßlich - von Natur-!

Das Neue Jahr zeig' sich „ à jour"!
Bestehen Sie es mit Bravour!
Ich wünsch': Ideen-Reichtum - pur -
und Spaß an guter Lit'ratur!
Das Glück, es habe Konjunktur
und zeige sich in Rein-Kultur!
Die Seele fühle sich in Kur!
Das Unheil schmachte in Klausur!
Nie geb' es eine Bein-Fraktur
(und kein Problem mit der „Figur").

Nett sei die Mit-Mensch-Kreatur!
Es lächle Zeus und auch Merkur !
Das Glück komm' nicht in Miniatur,
vielmehr bereits in Quadratur
(und fordre Früh'res nicht retour!).
Fern bleibe jegliche Tortur !
Das Jahr sei samtig - wie Velours -
und fröhlich.. wie die Sonnenuhr...
(sonst komm' ich mit der Politur).
Es grüßt: die erste Garnitur
('s heißt: die, in weiblicher Montur)!
...sowie (mit stattlicher Statur):
der Neujahrs-Glückwunsch-Troubadour
mit gruß-bewehrter Signatur.

Entschuldigung

Nun bleibt mir nur - 's ist unbestritten -,
Sie um Entschuldigung zu bitten,
wenn ich Gefühle je verletzte
und mich nicht in Sie reinversetzte.
Das tät' in alle Ewigkeit
mir allen Ernstes ehrlich leid.

Doch bin ich davon überzeugt,
daß niemand bös und gramgebeugt
das Verse-Heft zu Seite legte
und sich beim Lesen Unmut regte,
daß keiner auch die Lust verlor.

Denn: Wer das liest, der hat Humor.